國鍵文集

第三輯

生活

潘國鍵著

BA, DipEd, MA, MPhil, MEd, PhD

Second Edition
Feb 2019

Published by
The SenSeis 尚尚齋
Toronto
Canada
www.thesenseis.com
publishing@thesenseis.com

ISBN 978-1-7753566-7-7

All Rights Reserved
© 2019 The SenSeis

獻給

天國的

愛妻曾佩鑾女士

朵朵精神葉葉柔
雨晴香拂醉人頭

國鍵文集　第三輯　生活
目錄

第三輯 生活

序

浮生若寄，彈指便一甲子。年達耳順，獨眼漸盲。筆耕之業，恐亦去緣盡之期不遠。今幸得內子曾佩鑾相助，終集成此書。共分五輯，曰「時評」「教育」「生活」「書畫」「宗教」，大多爲曩日發表於香港《華僑日報》（1984年1月至1990年5月）、《明報》（1992年1月至1995年6月），及加拿大之《時代周報》（1988年1月至6月）、《明報》（1997年4月至2002年8月）與《星島日報》（2003年2月至2005年11月）等近千篇之舊作，聊算半生學術寫作以外胡扯瞎吹之小結。褒褒貶貶，俱還天主；是是非非，盡化色空。苟能稍益於眾，此生殆無憾矣。

二零零八年五月眇人潘國鍵自序於加拿大多倫多市如心齋寓。

沉思與反省之三：何去何從

在香港，才不過六歲的瘦兒子，背著沉重的書包，天天清晨六點半惺忪摸黑上學。下午回家還未午睡，一大堆功課和測驗得要趕時應付。是深夜十點半了，「尙兒，做完功課了嗎？爲什麼還不睡？」瘦兒子喃喃地邊唸書邊上床，睡着了，口中還是喃喃的，習以爲常。

殖民地的教育是奴化教育，是有教無育，專要削弱人性去當順民。自己生了一個兒子，便要負上栽培的責任。怎辦？「不如移民吧！」老伴說。對！只有移民可以解決這個問題。橫豎也打了十五年工，讀了三十年書，往外地看看異國風情，給自己三年靜修的機會，總比營營役役獨處斗室做井蛙好。

胡裏胡塗的，飛機已降落了多倫多。啊，加拿大，確很大。不但大，還是「加大」。人是高大，屋是濶大，田野是廣大……。來接機的也是一大班親友，雖然比送機的少得多，但已足令人興奮了好幾天。「加拿大人眞熱情！」心想。

家暫時是安頓了，瘦兒子也上學了。每天嬉嬉哈哈地上學，和在香港的截然不同，我們也寬心了。

寬心的時間卻不長。瘦兒子知識的增長極之緩慢，英語能力還未趕及水平，我們也愈來愈擔心了。這裏的教育和香港的，看來是兩個極端，教少育多，甚至是自由發展，少教少育。

此外，傳說的西方社會和眞實的也不一樣：傳說西方沒貧窮，過的盡是豐足而有保障的優悠生活，原來，大多市的人卻大都要早出晚歸，挨風抵雪，薪金抽稅之後，僅可餬口，尙要忍受隨時給解僱（LAY OFF）的心理威脅，工作毫無安全感（SENSE OF SECURITY）；傳說西方人都文化高、禮貌好，誰知住在大多市的人，有閒搞文化的不多，開車爬頭、脾氣暴躁、酗酒鬧事的，倒反絕非罕有；傳說西方人情厚，原來是各有各的生活，忙得幾乎是老死不相往還；傳說西方人富同情心，看看義賣籌款吧，可不及香港人的慷慨；傳說西方人不貪污，沒小圈子，沒歧視，凡事講公道……，原來也是不盡不實。看來香港人心目中的西方，猶如大陸人心目中的香港，僅是一個存著衣錦還鄉心態的訪客所虛構出來的天堂。

於是，筆者對中國文化的信念又加深了，對民族的信心又加強了。如果說是中毒，就由他中毒吧！生活的地方可以改變，做人的原則和崗位可不輕易轉移。筆者對於擔承中國知識份子的責任，今日還是很樂意的。

窗外，雪白晶瑩，景色迷人，加國生活確有令人神往之處。但，對我來說，吃喝玩樂不會是最有意義的生活。瘦兒子正放冬假（MARCH BREAK）在家，嘰哩咕嚕地整天在家蹦蹦跳，頂是快樂。移民對他來說，不會是一場漫長惡夢。看見他天天睡得甜美，自己也不覺爲之舒懷。既來之，則安之，信亦如此而已。

(1988-04-08)

夜思

漆夜。

驀然瞥見掛在東邊地平上的月兒，是個大銀盤。圓亮如洗，沁人心涼！

朗月伴此冥天，信是天作。因爲，有了月兒，天才顯得深玄莫測，發人幽思。

銀光映照的天，是那麼靜。除了三兩星數，月兒是孤獨的。然而，惟此孤獨方能顯其謐靜。

清輝遍灑，穹冥罔極。如果往銀河走走，探探離恨天的「絳珠草」，多好！

牛乳洗沐的大地也一片安祥。一兩層的平房兒，躺臥在草坪上，都打瞌睡了，是兩眼昏黃。滿城的點點昏黃，隨着唧唧虫聲，快進夢鄉了。

祇望這個鄉，是自己的故鄉。

月，是西方的大；圓，是故鄉的圓。

雖信美而非吾土。爽人涼風，吹不散白晝的炎惱。盼望速能乘風歸去，誰願此生「心在天山，身老滄州」？

惟若天意如此，安之復又何妨？

(1989-05-17)

「雨花」

八八年始，國鍵在香港《華僑日報》和多倫多《時代周報》寫《如心篇》。九三年起，又在香港《明報》教育版寫《雨花集》，擷取言如我心，冀可化雨之義。

斯時年壯而識陋，誤信真理可愈辯而愈明。今日十年夢覺，方知真理一辯便昏。什麼我心化雨，徒負清風明月。

去歲重投多城，景物依舊，人面全非。說都回了流。不及十年光景，而香城多城的人心向背，竟得隨樓價的亂舞而瞬間顛倒。益信世事無常，焉可不化？

《雨花》今得再續前緣，自是感激萬幸。然「雨花」也者，卻是無聲轉義爲「餘生看化」。

滄海桑田，終悟吾生之有挨（莊子作「涯」），而真理也無涯。平實生活之外，不妨寄身錢穆「人生三階段」最後的「心安」靜境界。凡事大可「難得糊塗」。乾隆世，鄭板橋在芝麻綠豆官場混了十多年之後，不也曾作如是嘲？

所以，《雨花》蕪文，全是糊塗的我，班門弄斧。閑時口水如雨花之噴噴，亂噏無謂，聊博讀者一笑包容已足。

(1997-04-07)

回流回

九零年我畢業多大，隨即舉家返港定居。當日「回」未成流，決非盲目隨波。若說因由，純係兒子的學業和我對教育事業尚未死心。

近年回流一哄成風。昔日以移民爲榮，今夕以回港爲樂。而我呢？卻復賣屋付箱，悄悄再家多城。

要悄悄的，因爲移民己非喜事。拿了護照一切復舊卻去回流回，當更痴不可及。

殊未知自離開香港那刻，擺脫一身文化薪傳債，內心的輕鬆自在，是欲辯而忘言的。回流回不但心舒，兼得耳根清淨。什麼靠左攏右啦、留派溜派啦、愛國叛國啦、中籍外籍啦、非法合法啦……，連同那受過高等教育的「有識之士」們對「溜派」由妒生恨的毒箭，一併都埋在獅子山下。從此告別煩囂，愛恨俱泯。

在香港生活太沉重。物質生活百千擔，精神生活萬斤重。對對對，人說一輕便怕「不穩」嘛。五十年平穩的代價，自是五十年的沉重。挨得就挨啦！

五十年？自己也近「五十而知天命」了。好，回流回就回流回吧，一切順乎天命。但願大家都愉快地活個「從心所欲」。

(1997-04-11)

「息魔」感言

時下謔來自香港的富裕移民爲「息魔」。食息行Mall（商場），做無業遊民也。息、色同音，不覺苦笑。

移民路不好走，移民生活不好過。其實好與不好，本在於己，不全在於賺不賺錢；樂與不樂，端看自己的生活態度，不取決於身家厚薄。

人說「人離鄉賤」，我說未必。慘得過住在塞外荒原？

謀生幹活，天下不易。回首前塵，大家不免同罹「辛苦」兩字。今天活在香港未必是貴，留在多城也未必是賤。

君可見回流香江者日賺港幣三百，而月付房租八千的慘況？且工作絕非輕閑。日夜奔命大陸港台之間，生活幾與牛馬等。掙來的錢，也是沾滿血淚的。

所以，有幸在加國做息魔過安逸生活，實上蒼之無限眷顧，人生之一大造化，應當快樂感激才是。且占打油句曰：「日遛商場，全因體健；月食利息，樂在優游。」 哈哈哈！

喔！笑聲請輕點。中央銀行還沒加息呢！

(1997-04-21)

傑克？即刻？

多城無處不「傑克」（Jack）：

來換地氈的寶華老闆叫傑克；

來安防盜的威能經紀叫傑克；

來裝音響的 MEGA 師傅叫傑克；

來送傢俬的搬運大漢叫傑克……。

傑克傑克，回加數月，就天天在傑克傑克中度過。

才睡，忽爾電視傳音：「係傑克嚡……幾好人呀，傑克。喜歡就攞去使喇！」

吓？Casino Rama 那莊家又係叫傑克？

傑克 in 如風。難怪近日遇見的友人，頻歎他們自己乃「傑黑」。無辜辜跑來多倫多，揩正「傑」和「黑」。

是亦不必太心翳。立將傑黑化即刻：

就即刻去搵工、進修、洗心、拚搏；

就即刻去辭職、退休、從心、養命；

就即刻去買舟、回流、換心、投誠；

就即刻去整容、染髮、死心、嘻哈。

東遷西移，人生何曾見絕對？汝安則爲之，是否「隻積咁樣」沒打緊。男兒四方志，總要坐言起行，絕不扭捏拖泥。

(1997-05-05)

小丈夫

加拿大這個大字，於人理上未盡恰當。加國人丁單薄固難稱大，就志氣大的，在裏面打混幾年，也得油然生出豹隱計。斯計一萌，歲月消磨，就金剛之身也得從小。堂堂男子漢，不覺變作小丈夫。

小丈夫也者，凡事棄大而就小之謂。國家大事非其敢聞（亦不願聞）；天人之際、古今之變，更非其敢知（亦無謂知）。平日所事，無非在老婆後面（是後面）跟出跟入。日常所想，盡屬牟蠅頭小利，專計婆𠱁數。剪一毫兩仙的減價券，自是能手；何處可買平靚正，堪譽專家。

區區來了加拿大這個應大不大、不該大的卻是過大的哭笑地，要做小丈夫看亦勢所難免。午夜夢迴，哭之無謂。惟稍可告慰者，是自己的志向自問仍大過徐志摩。

徐志摩揮一揮衣袖，甘心做康橋的水草，餘生就沉淪於冷冷的河水。我則揮一揮右手，告別香江，甘心避世做老伴身旁的小婿。妻兒情暖，「水」雖不及徐，可依稀還保持個人樣。

別了，河水；別了，井水。小丈夫今天飲的，是湖水。

(1997-05-26)

港式新詞

藥房老闆黃先生偕夫人到訪，蓬蓽爲之輝煦。黃老闆乃藥劑專家，談笑高手。他對我說，近日香港新詞多多，令人耳不暇給：

不咬弦舊日叫「唔啱傾」，今日叫「唔夾嘴形」；告辭舊日叫「鬆」，今日叫「閃」；趕上潮流舊日叫「夠時髦」「夠 IN」，今日叫「夠激」……。

港式俚語，真個無限生機。新花樣天天有，抵死兼貼切。變化之速，尤勝電腦。年紀稍老反應稍鈍的，必然要追到氣咳。

就移了民的年青俊傑，離開才不過兩三月，再回頭竟亦百年身。和昔日老友們敘舊，伊不難發覺，原來伊已老套到大有「唔夾嘴形」之慨。

例如「聽董爺爺話」，何止「夠激」，直情激到爆。

昨往「一條龍」租影碟。店主問：「嚟咗幾耐？」「才抵埗咋。」「散唔散呀？」 「吓？乜嘢叫做『散』？」「返香港囉！」唷，我閃！

(1997-06-09)

別問誰是我

時下興揭「我」。讀諸家文字，「我」的味道，一天一天濃。

國鍵年輕時，也喜歡表現「我」。誰知執著了「我」，心便昏溺虛榮。處處自以爲是，自以爲高，自以爲言必世間至理。

三十年前會考得點好成績，沾沾自喜。隨之大學有點好收穫，暗暗自賞。其後拿碩士，印名片；獲博士，告天下。博士前博士後，三十剛出頭而學業事業家庭俱有所交代，確有點兒幸福的感覺。

今日半生論實，自己士則還可，博則絕不。未讀之書未知之事，甚多甚多。有時，就連「士」也自覺不配。因爲，古之所謂「士」者，除學養之外，還有點爲國爲民的氣慨。自己「無才可去補蒼天，枉入紅塵若許年」，愈想愈覺汗顏，愈不敢再夸夸然談「我」。

於是，「我」之在我，由大變小，由小化零。頗悟生命在乎當下意義，不在乎昨日明日俗眼風光。既不重我不揚我，自然進亦喜退亦喜。就潦倒亦不必執著「我」而咯咯咯，而自悲至於吐血。前塵一笑：我生原無我，我死更無我；空空無一我，別問誰是我。

(1997-07-07)

中大校友

八月初收到《中大校友》（「九七特大號」），面目煥新，爲之驚喜。《校友》終由一大疊只知商道不知文道理道的商界校友自道，蛻變爲範疇廣闊言涉多方的校友通信刊物，誠中大擁躉之福。其中「舊文新讀」之《去死吧，CU仔》，雖舊仍新，觸動士子神經。而陳耀南之《雪梨興嘆記》，亦於真性情中見真章。

陳感慨，移民除「舒適悠閒地享受」之「歎」外，恆不免因「投閒置散、暗地裏也確自苦坐吃山空」而「付之長歎」。國鍵十年來因移民而拾細軟者三，亦加亦美。箇中長歎，確甚切膚。不過，倥偬人生原一歎。託寄異域固足喟，然留在香港，亦未必不會因感時傷世而朝夕付之哀歎，淚横濕青衿。《校友》佳篇多，如古德明《七一懷古》，採訪楊耀忠張文光《上落車平安》，漫畫尊子《唱好啲》，梁仲基《回歸反應》等等，讀之均令人有所思有所感有所益。至於「校友近況」「尋校友」兩項，國鍵無以貢獻，僅錄中大校友聯絡地址 如下：Alumni Affairs Office, 3/F, John Fulton Centre,CUHK,Shatin,Hong Kong.傳真：二六零三.六二二六。

(1997-08-18)

月色無限

在多倫多，未到中秋月先圓。書房南向，六七月已賞月數番。所謂「明月幾時有」，只屬沉迷於抓錢、搓將、篤背、亂唱的香港人之柴房自嘆。家在多城，卻是明月時時有，青天夕夕酬。不多看兩眼，恐負良辰虛設。

明月出閑心，是主觀感受。若論客觀，則多城的月確亦比香港的圓大通透。一輪冰月冷夜空，沁人心涼。心涼便心靜心安。一安即與造化同息。

香港之月，就中秋也未必覺其涼。夜空污濛，人聲聒耳。沸沸揚揚，心緒何得閑靜？就途中偶有月景，一抬頭而總有下顧之憂。為一睹嫦娥玉兔而不幸給市虎撞倒、蕉皮跣倒、「煲蠟」灼倒……，橫招賠了屁股又折腰之恨。因天上的八月十五而傷了自己的「八月十五」，端的不值。

所以，香港人之賞月，大多躲在漆黑斗室內四方枱上麻將燈下摸「一筒」中進行。摸得性起，間添「海底撈月」之爆。

在香港，與月無緣。要到移居多城做「天涯倦客」，醒覺「古今如夢」，清風霽月，始能真真地體會那「明月如霜，好風如水，清景無限」（蘇軾《永遇樂》）的真趣。

(1997-09-15)

聖路易之旅

美國中部工業名城聖路易，國鍵太座在那邊有親戚，一年總要去一兩趟。最近一次在八月。期間節目，亦不過酒樓吃茶、超市購物。而不知緣何此行，忽滋「五十年不變」之惘，———所到唐人店，仍皆霉氣盈鼻。陳設擺列，十多年不脫破破舊舊。

某午踏足唐人超市。店內除收銀員和那閒得發慌的老闆外，空無他人。一見有客，老闆笑嘻嘻立趨前如獲一寶。「從哪裏來咧？」「多倫多。」「哦，聽說多倫多是繁華地。唐人多，生意定必好做。」「在聖路易不好嗎？」「唉，還以為美國謀生易，辛辛苦苦從南非移民來，豈知捱生捱死，十年血汗生個桔。」

哎，在數十萬華人聚居之地搞唐貨生意，也隨時得陰溝沉船。何況華人不過一、二萬的聖路易？貨不輪轉，錢便壓死。難怪十數年來賣的仍是凍藏「掟死狗」貨色。而茶肆供應的點心，一入口即可啖出多倫多廿年前的滄桑味。

多倫多華人商場發展神速，霉酸早經蕩滌。吃喝玩樂，不下香江。居此猶終日愁眉，實是身在福中不知福。

(1997-10-17)

篤篤燦

自八十年代初中英談判掀起移民潮始，曚查查移徙海外之香港精英，不下數十萬。其中今日猶堅持昨日之我而不捫心呻笨者，恐怕百中未必有二。

八七年國鍵遵太座議，學人搞移民來到多城，躬逢加國經濟起飛，樓價急漲。人都喜氣洋洋，偶聽魚翅撈飯之豪語。余輩初到貴境，自屬「港燦」。就香港太古城千呎賣得百萬港元，以六三算計，折合不過加幣十六萬。區區十數萬，在這裏可三房舊柏文也未必買得間。早居多城茹風飲雪已捱足半世的「愚公」們，自然守得雲開，笑眼快意。國鍵日日替人高興之餘，間悟「世人結交須黃金，黃金不多交不深」的人理。

豈知世情果無常。九零年後江河直下，得愁雲再守。設賣這邊五、六十萬的豪宅，回港只能換個五百呎的「鴿籠」。身分由港燦加添一層「加燦」。如是者十年之間，燦燦之聲，未停於耳。背後手指篤篤，巧如大戲開鑼，——篤篤燦！真個吱吔吔。

風轉雲變，好戲後頭。洞悉世事，歷盡人情。且借陸游句：「世態十年看爛熟，家山萬里夢依稀。」窗前孤葉映秋紅，有夢無夢，靜覺殘陽暖。

(1997-10-24)

嘥氣

童松興先生爲郵件轉遞而「扯火」。國鍵不幸亦遭斯遇。去年底，由姨母 Aurora 處搬往北約克。半個月前已赴郵局辦妥轉遞，———先挨三十大板，奉上年費六十四元二角。

豈料遷居後天天白乾等。姨母來電，原來信仍舊派到她那處。忙打電話問。答案是代查，請等。等足一個月　，暗想：聽人說，遇無理事最好和他/她們的上司講。即致電加拿大郵務公司的總部（電話：四一六·九七九·八八二）。接線的小姐耐心地把事情記錄下來，答允改善。掛線前，國鍵不忘要她給個檔號，方便跟進。

一如所聞，加拿大是個訓練耐性的好地方。熬了三星期而信件與諾言兩杳。沒法子，又打電話去。這次要加點壓，嚇唬要求「回水」。那知不嚇猶糟，一嚇事情竟便好辦。兩天後，主管來電，說先寄個大信封我，囑把錯遞舊址的信封套都寄給她，好作證據。照辦。復兩個月仍沒消息。忍不住又搖電話。主管答：嗄，支票不是寄了給你嗎？——咦，對不起，今天寄。數天後，錢收到，事亦了，時已五月杪。唉，在養尊處優的楓葉國喊承擔唱效率，嘥氣！

(1997-11-24)

擠餅精神

中文大學某學者指香港人「擠提西餅」屬於「歇斯底里」精神病，略覺言重。

「擠提西餅」現象所展示的，無非香港有錢佬性格。而但凡住在香港的，多少總會沾點這闊佬的脾性：炒樓炒股吃魚翅做善事，可一擲而千金。但，爲了個「斗零」，卻又可以和別人打架掰面，——條氣唔順。

前輩話，致富要從「斗零」刮起，慳得就慳。古語雖謂「刻薄成家，理無久享」，但，不刻薄刮削，可連享的機會也沒有。從一無所有「畫餅充饑」到有樓有股有「餅卡」，刮來不易。吃西餅是離貧趨富的轉捩點，其象徵意思猶大過慳「斗零」。就「斗零」已足搏命，何況個餅？

所以，香港人於股災後去擠提西餅，倒不必說成是對香港前途缺乏信心。它不過是香港人典型的錙銖必較、寧願益狗都唔益人的真面目再檢閱。排幾個鐘頭隊用自己買的餅卡擠出來的那一盒西餅，它代表的不是物質，而是「條氣要順」「斗零唔蝕」「有西餅吃」的港式富豪精神。

沒有了「擠提西餅」的精神，香港便不再是香港。待吃光了餅若還喃喃畫餅咬，然後斷診精神病不遲。

(1997-12-08)

憂患意識

《明報》社評，呼籲港人「要有憂患意識」。中華民族，本來就是個憂患的民族。二十五史，部部憂患。炒埋不足一碟的真知識分子，天天散發著憂患的幽香。惟其憂患，才知所奮鬥，才會五千年文化不斷。古老文明，死剩中國。今天雖活得不算好，卻仍生活著，雖則幾千年來沒真安樂過。

人世苦。知道了苦之無可免，求樂的方法，就只有苦中作樂。勇對苦，安於苦，樂於苦，才是生活的好出路。有些人說這種天生憂患的生活態度不夠「樂觀」，說是「消極」。其實，天天扮快樂才最辛苦、最駝鳥。苦就苦，又何必對人強歡笑、背人淚悲流？

認識憂患是人生的第一關。過不了這一關，前面肯定沒有快樂的希望。樂，畢竟是從苦中來的。移民之樂，出於恐懼動亂之苦；回流之樂，出於失業又或「前路似咁」之苦。全出於憂患意識。

洞察人生苦無常，身心始獲真解脫。滄海一聲，哭笑何妨。那些面上老掛著空洞笑臉責人將人生說成是苦的人，不是未嘗透苦，就是缺乏面對痛苦的勇氣。不說，難道就快樂了嗎？

(1997-12-12)

冬至

今日「冬至」。華人冬大過年，其隆重之處，有類洋人的感恩節。冬至若不返家吃飯，肯定挨罵。

冬至一過，急景殘年，快又除夕新歲。幼者增一歲，老者少一年。是以老人家對於冬至，既感快慰，亦添唏噓。好好歹歹，都要一家歡敘為樂事。雖則心底之內，總會冒點日之將頹的寒怯。

人老心怯，禁忌便多：大時大節，只准講吉，不許言凶。冬至那天有砸碎碗碟，兇兇的一巴掌，可應聲而至。一巴掌事小，鄭傳寅編《中國民俗辭典》，有「冬至節忌宿娘家」，否則「以為將剋死其夫家家長」之語，直可用謀殺家公家婆論罪。

冬至之日，就捉襟見肘窮得要命，也要過得光光鮮鮮。孟元老《東京夢華錄》卷十：「雖至貧者，……至此日（冬至）更易新衣，備辦飲食。享祀先祖，官放關撲。慶賀往來，一如年節。」亦即要扮個靚，吃頓飽，賭餐勁。

兒女孝順者尤須「守冬」，徹夜不睡。《夢華錄》鄧之誠註引：「守冬爺長命，守歲娘長命。」今者除夕守歲的多，冬至守冬的絕少。無怪母親一般都較父親長命，唏！

(1997-12-22)

雞難

牛年雞遇難。難有兩義：一曰艱難，一曰災難。經驗所得，艱難背後隱藏的，往往多是災難。雲開，未必月明。

不信？看，十年前想搞移民，難難難。香港人出盡八寶，勞心勞財勞力，拜東託西，辛辛苦苦弄妥移民證。恭喜賀喜，難得難得，羨煞旁人。誰知「難得」的深處，包藏的竟是始料不及的災難。大鑼大鼓走難飛來加拿大，才發覺，雞肋雞肋，天天受難。

一九九七上半年香港樓股齊飛，難怪留在香港的人，意氣風發。朱粗鱗話齋：俺留在香港大勝通贏，夸啦啦！風生水起之時，促狹鬼且不忘多踩移民海外者兩腳。就什麼置業六十萬元低息貸款，政府說回流皆有分兒，即時都漲紅了眼。有社論且道，移民衰咗其責自負。「殺雞儆猴」，看伊還敢移民棄國否？

祖逖聞雞起舞。港人也真的對雞兒舞起刀槍來。這回且要殺絕，拿去堆填。棲居楓國素受港人輕賤若雞的多城人如我者，聞彼岸殺雞喧天，不免自傷其類。還幸殺雞令不達多城，國鍵雖然天天吃「雞餬」，大概猶可安享雞皮樂天年。

斯亦移民效雞飛之其中一得歟？

(1998-01-05)

雪裏冰

去周，暴雪。稍霽出戶。腳一伸而足陷雪堆逾半尺。綿綿忽空如墮十八層地獄，爲之一慄。莫道踩慣便是不怪，雪足深陷最惱人。且不說鞋襪褲管濕沾雪的渾身不舒泰，更怕是埋在雪堆裏面的薄冰塊，一踩而教人卜宅歸天。

雪裏冰有它陰險難防的一著，——無聲不響摔死人。

來到多城若不幸給地上的冰塊兒摔死，千祈莫怨栽在移民路。路，是自己揀的，也是自己走的。何況冰這一物，殊非我楓葉國之獨有。母國炎炎，冰浮處處。投資與不投資，都要慎防地滑。就炒熱辣的香港，冰，還是天天要趕出廠的，雖則都是人造。

人造的冰，較加拿大天然的尤跣尤滑：更圓、更冷、更奸、更猾，一跣絕命，永難翻生。

所以，若中了冰招人仰馬翻而就此摺埋，只緣自己製冰防冰之技不如人。若自認工夫已臻一流，則足下之滑必屬天意。倒地時切記慘叫：「天亡我也，非戰之罪也！」——這，也是大英雄項羽在烏江自刎，脖子鮮血涔涔身軀徐徐倒下的時候，最後的遺言。

只怨天，不尤人，英雄；不怨天，不尤人，聖賢。

(1998-01-09)

奸乃大

騙徒滿天下。加拿大人雖民風淳樸，騙術卻層出不窮。稍一不慎，破財添災。

來信恭喜你獲大獎，又或來電替什麼慈善團體勸捐，且勿輕易動心。十居其九，騙棍把戲。至如冒充公共機關例如水電煤之類的員工，致電閣下要到府上做修理，更須提防。國鍵曾接自稱煤氣公司職員的電話，硬要來清理調校暖氣爐，說是政府規定，語帶威嚇。心想：煤氣大公司，你不主動，他們怎會自動獻身呢？

去月，竟又有人敲門，說是煤氣公司，要看看我家有否參加什麼煤氣折扣省錢的計畫，請我交出煤氣單。喂，煤氣公司幾番說明，職工絕不逐門拍。且大機構遇事，總先專函通告，預約日期，怎會冒失如此？

國鍵原不明白，何故甚多陌生人知我姓名地址電話。月初偶翻電話簿，赫然發現，全都印在簿上，一字不漏！無怪經常有推銷員來電找姓潘姓國又或姓鍵的，真擾人。嘗爲此與電話公司理論，所得竟是：規矩如此，如欲除名，得按年加繳除名費。

巧立名目，不擇手段。噢！奸乃大。國歌柔聲，飄然進耳。

(1998-01-23)

朽木難雕

《明坊》改版，囑報作者簡歷。一念平生，百般感慨。自漢儒以來，治理學問，極重師承。流風所及，武林習武，藝壇學藝，恆以拜入名師門下爲身價。紅線女拜楊善深門下學畫，楊門女將，二十世紀畫壇永留佳話。

至於國鍵，師承亦廣。中大受業嚴耕望教授，港大追隨何丙郁教授，皆中央研究院院士。恩師尚有牟潤孫教授、王德昭教授、趙令揚教授、孫國棟教授，和多倫多大學的許美德教授（Ruth Hayhoe）等，於學術俱享盛名。

在書畫方面，自幼跟隨外祖父嶺南書法家謝熙老師，又曾習畫於嶺南派容漱石老師門下，兩老亦非等閒。

半生有幸，屢遇名師巨擘指點，上天待我至厚。可惜自己庸劣，朽木難雕，盡糟蹋寄望於我的恩師們的心血。午夜夢迴，不免愧疚。從今之後，理當發憤。只怕俗務瑣事仍然纏身，而享閒福的心態日濃，已失足於無可無不可之境。《明坊》索照片，唉，何來面目見人？

(1998-02-03)

基督平等

看罷電視歷史台播二十世紀初華裔移民王先生在楓葉國奮鬥成功的辛酸史，不無感慨。加國華裔今天能夠站起來，並不全仗母國的強大。兼取中西文化之所長，勤奮實幹，才是最重要的因素。王先生是基督徒，以平等之心善待眾生，尤能觸人心靈。

世界變，人心也變。眾皆平等已成鐵律。中國文化那微薄的民主平等成分，加上對修道成佛的曲解，很容易造就大獨裁者封神。一貴爲神，就可以卑賤下物。吾師聖公會故法政牧師何世明博士，就時常爲此而動氣。對錢穆國粹，頗有微詞。中國文化若接納頭上只有一個上帝（不是千個），斷不會經常有造神（天子）運動的出現。人命，自然就較珍貴值錢。

加國華人百年苦難今獲平反，政府認錯，感謝上帝，這是基督教平等觀使之覺其非。

在中國，卻要到人們相信人決不可以成神之後，三千年殺戮悲劇，方得落幕。牧師英靈明鑑，國鍵雖未領洗，卻是全心皈主的。

(1998-02-05)

人間有愛

生命，是上天的恩賜。國鍵半世深受天恩、社會恩、親恩、師友恩，因之常懷感恩心。對於小兒，屢屢囑咐，得恩雖未必能報，卻切要莫忘。

人間有愛。九零年國鍵回流，若不是中華基督教會基灣小學上午校前校長鍾良施女士的恩，惠允恢復小兒在基灣的學籍，恐怕不易成行。離港三年，中數兩科未必追得上，鍾校長肯冒這個險，全因有愛。

事實證明，鍾校長沒有跌眼鏡。回流子弟，不一定都是窩囊。

由於搬家，小兒的求學生涯遇上了第二個恩人——英華書院的楊寶坤校長。楊校長，影星江雪女士之夫婿也。小兒蒙他取錄，在學業上既受港式之嚴格訓練，又得加式之智能啓發，沒有學壞。

鍾校長今卜居愛民頓，楊校長亦家在多城。於紅楓漫天白雪飄地的異國上，多添了兩分熱、兩份愛。世上有愛心的，竟不約而到了加拿大來。帶同哪一重一重的愛，已沉積成這邊濟困扶危富有愛心的樂土。

(1998-02-12)

冰災缺電

月前冰災。平日火氣十足的魁省，一下子缺電，氣焰一洩，冷同鬼域。舍妹一家住在魁市，幾日來不是到姑嫂處掛單，便是往朋友家借宿，苦不堪言。大呻世事難料餘悸難了，老來當要歸南國。

現代生活，日不離電。沒了電，一切烏有。生活的必需，例如電爐電煲電視電腦等等，都成廢物。暖氣一斷，命可黃泉。秒間盡黑，時光倒流一萬年，霎時置身原始環境，不膽破才怪。現代人過慣舒適悠閒的按鈕生活，那茹毛飲血鑽木取火的蠻荒，移民來加拿大而會親歷，簡直笑話。

是役冰災斷電，天方夜譚隨劈啪一閃成爲貼身的實話。加拿大的電力，確確實實不可靠。今日魁市，明日多城。安省電力局除了努力加價之外，對於塌電纜攞全省命的大災難，從來懶於防範。將電纜改藏地下的實務，著落無期。倒嚇得國鍵慌忙研究家中壁爐的使用法，又考慮臨老參加童子軍，向小朋友請教雪野求生法。

(1998-02-17)

一劫知秋

「平治」，富貴人家的心頭愛。它不單代表身分，還象徵安全。機件和車身，都是世界第一流的。

戴安娜薨於「平治」，似有陰謀，作不得準。在多城，可短短數月，駭人的「平治」劫案，積近十宗。住所門前，馬路交通燈前，公共停車場裏，甚或索性途中攔截。

「咪郁！落車！」賊人登上你的「平治」，一踩絕塵。旁人當遊戲看。你則顫慄路左，「平治」與加拿大的安全感，一概蕩然。今日坐在安全的「平治」裏面，難免提心吊膽，恐遭賊劫，慘過揸「錢七」。

猾匪如鯽，悍盜如毛。四面賊歌，防不勝防。警伯且說，賊人不開槍，算你走運。失了「平治」，得了「安全」。雖感滑稽，卻復何言。

可沒想過，賊佬千揀萬揀，專向「平治」下手，本出一番厚意。嗱，治世已逝，太平不再。盜亦有道，特藉玩殘「平治」以昭告天下不平治。醒目者當速裝防盜，加安電閘，廿四小時放電。出街改揸鐵甲車。

(1998-02-24)

殺鼈餘波

愛妻不適。大夫指點，多蟲草燉水魚，可以補身。

魚枱上，賣剩個水魚殼。正在劏魚的阿伯搶道：廿元一磅，若要，活劏一隻，任斬一件。

磨刀霍霍。池裏水魚力睜累眼，苦瞧著你，可憐兮兮。妻說：不忍。搖頭作罷。

事頗湊巧。當晚新聞，別家唐店賣水魚險賣出禍。來貨水魚受細菌感染而失腳，給來巡察的人道協會諸君子誤作爲活斬了賣。即時勾起，古老中國某廚房內生割活驢腿肉鮮炒的故事，恐怖。

有理無理，出動警察，喊拉喊押。華人爲饞美食，虐殺禽畜，牽涉不仁。

平日尤嗜生劏。手起刀落，血花濺面，笑。孩子看了，談何惻隱？事事人道的西人且問：受死的苦痛要否優先照顧？

殺，亦該同情地、憐憫地殺。不妨參考美國死囚處決法：第一針落麻醉，第二針停心跳，第三針下毒手，挺人道的。

若仍噁心，又或害怕吃了連自己都毒死埋，請改行茹素，順便積德。

(1998-03-05)

唔夠膽

與多市英資大銀行總裁午茗。一別經年，雖乏萬語千言，亦感能相再逢就是緣。

潘，銀行家也。分析經濟，獨具隻眼。加國經濟自九零年滑坡，迄今已屆否極。能否從谷底反彈，雖則變數甚多，然去泰來之日，相信不遠。經濟低迷，未必是禍。能把握時機，人棄我取，趁低創業，他日必大有可爲也。

商家談商，俱知賤買貴賣，乃致富的竅門。至於實踐體驗，則際遇信有不同，因而成敗各異。是以言不可以盡信，要自己細心觀察方爲是。加拿大經典語：打工好過搞生意。證諸實狀，華人酒樓商店之前仆而後繼，後繼而前仆，確甚慘烈。老闆做足工夫，務使賓至如歸。倒頭來，只得個賓至如龜———來得慢、吃得少。回本不易，遑論賺錢？

臨別，潘贈我言：「凡事量力。」言詞懇切，感人心腑。對，區區素無發達心，兼又心血少，唔受得刺激。既無膽色，那就清茶淡飯，守貧樂道，多買債券做定期求保本算了。

(1998-03-10)

尋根

聞說，農業民族熱愛「尋根」。在加國定居的華人，口口聲聲，說返故鄉尋根去。至於尋什麼的根，卻又不大了了。

在中國，有華僑來「尋根」，喜上眉梢。雖云破落，亦證天下歸心。天朝心態，俺還是世間第一的。所以，窮得也蠻有傲氣。

少小離家老大回，在北美做苦力慘足一輩子，掙得個錢，回鄉買屋買田買妻婢。百病殘生，「落葉歸根」，心理意義大過實際。只害得在番邦這邊生活的，天天學爺嚷尋根，思鄉得佢。浮萍的根，在其葉底，根隨葉流。閣下的根，在伊腳下，根依腳走。身在根在，何須外求？

草原民族，「逐水草畜牧」、「隨所遷徙」（《宋書芮芮傳》），實居無定所。洋人飄泊營商，慣四海吾家。根的觀念，都甚薄弱。伊非務農，又何必處處以根爲心，琅琅於口？若根乃誕伊出來的生殖器，則閣下之尋根，是多探望令尊令壽堂，而非編織虛渺的祖國夢，痴錯根。

(1998-03-12)

新不如舊

美好的日子，只在過去，不在未來。「明天必然會更好」，你信？

玉往舊中尋。是以人到中年稍有成就的，多懷舊日心。時不時唱撫今追昔，以舊日事遣新日愁。春水已逝努力無由，自閉兼不長進。

要長進確又不易。除非你天天趕及潮流，無時不擴開眼界。潮流也者，唱歌要口噴「一篤屎」，欣賞音樂循以目代耳。一切從反斗喧嘩開始，以色情暴力結束。而所謂擴眼界，則係上街時目光所及之範圍要拓廣：行街必左顧右盼並前眺後　。稍一漏眼，易招別人開片自己掛彩之血殃。當然，就　也極講技巧。一時不察而與惡少兩目交投，挨他的老拳，將是你「眼超超」的「打賞」。

昔日呢？逛街安全過呆家。在家遇上父母發脾氣，會是皮肉之苦。一出家門，夜涼如水，偶有叫賣糭兒的暖聲相送，平安過平安夜。昏街暗角偶爾或跳出個徐娘半老，問你有需要否。你頂多是失身或嚇賊死，但決不會丟命。

(1998-04-07)

融入主流？

常聽人說，住在加拿大要融入社會。融入的意思，大概是入鄉隨俗，生活西化之類。有朋友因此坐言起行，家中但胡言而禁華語，用刀叉而棄碗筷。一家從此與唐人劃清界線，不入唐人街，不吃唐人菜。

唉，自省年逾五十，祇因看化才遁世加拿大。已化殘身，何堪再化？豬排牛排好吃，Jerry Seinfeld好笑，但，仍舊捨不得那清蒸海上鮮、鬼馬許冠傑。自已移民，不過求個安定，可沒想過要削足來適履的。立心，一於唔化：西洋食物，港式吃法；鬼佬喜劇，粵式笑法。能夠活得愜意，雖處支流，復又何憾？

我，堂堂正正地來，絕非寄人籬下；我，滿意於現在的生活方式，無意於撲身水平看似較高的「主流」；我，很喜愛很尊重洋人的文化及其生活態度，卻又不至於讓洋文化剝我光豬洗白白。

我愛加拿大，因她容許我自由自在地過自己的生活。她，從沒要求我融這化那，就順其自然吧。

(1998-04-21)

我有罪

《淳化閣帖》卷四《梁蕭子雲書》，記述了一段故事：齊國有個富豪國氏，宋國有個窮鬼向氏。向氏往齊國請教國氏致富之道。國氏說：我精於盜。向氏還未了解箇中深義，就忙著去幹盜竊的勾當。未幾就人贓並獲，給判了罪。向氏不忿，去責怪國氏扔西瓜皮害他踩。國氏哈哈大笑道：我聽說，天有時、地有利。我偷了天時地利、雲水雨澤和山川的各種資源，用來種植我的禾稻、蓋搭我的房子。陸上，我偷獵禽獸；水裏，我偷捕魚鱉。一切一切，無不是偷來的。因爲，萬物皆上天所生，本都不是我們之所有。

向氏語塞，條氣唔順，去找東郭先生評理……。

還看國鍵，確光禿禿地來，原一無所有。呱呱落地，一擘眼就偷喝、偷吃、偷住、偷穿、偷窺……。稍長，還懂得偷心、偷笑。來到加拿大，更偷那甜美的清風，偷那圓大的朗月。「可憐風月債難償」，唉，雖非偷情的孽債，就風雅亦足判———有罪。

(1998-05-07)

江湖、湖江

江湖催人老。在香港，年紀輕輕，大多已是老江湖。

老江湖都世故。他們相信，世途險惡，人事無常。所以，得寬容時且寬容。擇善？啐，無益莫說。

菱角久歷江湖雨，磨滑到「世事皆學問」、「練達即文章」。經一事，長一智。就黃毛小子，竟也知做人要圓滑扮羊，遇險則切記：「寧我負天下人，莫教天下人負我」，要心狠手辣。你若不忍出手又或唔夠人奸，甚宜退出江湖，復將江湖兩字反轉用，天天湖江。你不難發覺，湖江和江湖，確係天淵之別。

湖江風輕浪軟。特別在加國的，紅楓映照，綠波梭巡。心暖之餘，還加一種輕青的感覺，真可抗老。難怪住在加拿大的人，大多是日落心猶壯的。黃昏遊楓葉國之五湖，只會賞心，沒有悲愁。

在中國，「落日五湖遊」，勾起的卻是「煙波處處愁」。身在湖江景，心繫江湖愁。就退隱了的也難免技癢，要重出江湖，殺個痛快。唉！

(1998-06-09)

爆粗

玉不雕，不成器；言不琢，不成雅。世之所謂雅言，都是雕琢過的。未經雕琢衝口而出，難免夾雜粗言。粗言易成穢語，即廣府所謂粗口。

教育程度愈高，語言的雕琢力愈強，在公眾場所「爆粗」相對少。在研究院，炒蝦拆蟹的媽媽聲，甚少聽得。就有，也會是語帶雙關，聽起來大都文雅。例如「舞照跳」化作「跳老舞」之類。那剛進大學的新紮師兄師姐，書未讀得多，語言控制力較弱。例如在多倫多大學，課堂內外的新丁，稍不如意，類似「雪」呀「狒」呀的單音，排山倒海。

冬天踩雪而仆低，雪確可惡。「雪」的一聲，詛其與狗糞共賤，聊洩鬱氣。至於「狒」，則確又獸界之淫狠者。「狒」人一聲，罵得淫狠。將鬼佬粗口音譯爲中國之字，此一雪一狒，頗傳其妙。

奉勸同胞，在加拿大切忌扯高喉嚨喊「雪」喊「狒」。語音若稍歪，變成爆洋粗口，那就大失斯文。

(1998-06-11)

楓城夏色懶如許

在加拿大生活，愈來愈不思生產。特別是夏日炎炎之下，一切都懶洋洋的。今年，就連野花猖獗，人們也懶得理。公路兩旁和公園的草地，坦臥著無數或黃或紫野花的叢叢厚葉，安然在曬太陽。唉，一下子沒人管，就植物也曉得撒「野」了。

早上爬起林，澆花、耍太極、喝茶、啃片麵包，電腦程式般了事。餘後的「責任」，就是陪老婆大人上超級市場買菜、拎菜。又或往銀行做交雜費的「要務」。回得家來，日已過午。剛要讀書寫字，而老婆大人卻在廚房頻催：「喂，咁得閒快來幫手洗乜洗物！」真係「家嘢大」。

在廚房與書房走動之間，很容易又混了一個下午。黃昏，奉旨陪老婆大人去散步。論景，綠樹丹花黃錦地，艷絕；論情，優哉游哉了無牽，淡極。所謂人生，原來不過如此。

晚飯後，例牌是電視新聞報道直落Frasier，大笑一餐才睡覺。

(1998-07-21)

狗無可避

香港，野狗通街走。據狗專家說，切莫和狗這等動物對視。因爲，對視等同對峙、對抗，這是狗邏輯。對付狗，要不屑一顧。牠自然就失了咬你的藉口。

住在加拿大，滿以爲從此再無狗之擾。若有，當較香港的斯文。加狗準不敢在道上隨處拉矢吧。就拉呢，牠主人也必在牠後面執拾的。香港遍地「黃金」，隨時踩正「地雷」。加國是禁地雷的先驅，放心。

然而，天下衰狗一樣賤。就怎麼有教養的，野起來也會咬人。受害者，通常總是弱小的。莫說畜牲沒性兒，都欺善怕惡。遇上手執大棍的番鬼佬呢，牠倒乖順到不得了。加狗咬人外，嚇人也是拿手戲。專匿在後院圍柵內的暗角，靜待閣下在柵外路過，無聲無息地突然撲出來吠你兩聲，———代測心臟血壓。

「狗吠深巷中」。陶潛就退隱，仍難逃天天受狗擾。要絕狗患？實難。

(1998-07-28)

自貶

先肚飽而後談文論藝，舉世皆然。空著肚子，哪有餘情搞文藝？中國人歷來穿不暖、吃不飽，尋常百姓對於所謂文藝，自是遙不可及，不甚了了。故所謂藝文愛好者，除極少數的天生發燒友外，大多是溫飽階層有閒階級的附庸風雅。文藝容易淪爲酒酣飯飽後的一種點綴，誰會真心尊重？

活在加國而以國粹做專業，注定悲哀。在悲哀之中而知所自重，雖苦亦不失尊嚴。可惜，從事中華文藝工作的人們，還在拆自己的台。在什麼中國文化節之類的墟場義務擺檔「揮毫」，遊人雖或如鯽，卻未必會領你的情意，徒得個中人花招暗自尷尬的結局。尤可笑者，作品竟可免費送人，又或用以「抽獎」。心血結晶，賤同機器製造的糖果餅乾之類的廉價禮品，哀哉！

人必自貶而後人貶之。不費分文得來的東西，隨可棄如敝屣。那獲掛在酒樓廁所廊壁的，已算是難得的「青睞」。真嘔血。

(1998-08-18)

大加樂

加拿大有兩樣最：地最大，人最樂。合而可稱「大加樂」。

土地最大卻無當倒不消說，人最快樂這方面，只要看看近月加元狂崩股市暴瀉攬住「大家落」而人們竟毫不動容的光景，就不由你不信服。我們的總理先生且氣定神閒，叫大家齊唱「勿憂心，要開心」（don't worry，be happy），十足加拿大佬「先天下之樂而樂」 的脾性，樂觀到透頂。坐食山崩債台高築尚且不怕，又何懼於經濟上的驚濤拍岸？做人呢，最緊要開心。正所謂今日唔知聽日事，愁啥！

月初趁「加勒比海節」，往多市的湖濱湊熱鬧。在那裏，萬眾歡騰，歌舞酒帆，果然樂極。銀包雖話縮了水，誰卻真箇擔心明天要撲水？看，湖岸顯眼處且豎著一塊大木牌，大字標題：「聯合國的報告說，加拿大人是舉世最快樂的。」盡情作樂可消惱，無怪句後還添加一按語：「唔怪得知喇」（no wonder）！

泰山崩於前而無懼色者，一就嬰孩，一就高人，一就白痴。加拿大歷史短，大概屬於嬰孩和白痴之間吧。天真爛漫，頭腦簡單。之所以最快樂，皆因冇腦唔識死。窮風流、餓快活，吉耶凶耶哈哈哈！九零年「米治湖協議」拉倒，國家瀕臨分裂，渥京政要卻叫國民都釣魚去，開心一下。——Don't worry, be happy！

哦，這才不負加拿大。

(1998-08-25)

無苦不成藝

藝術感發人情，觸動眾心。能否動人，倒要看自己的經歷和眾生的是否相類，有無共鳴。

藝術內容與個人經歷，不易分割。少年不識愁滋味，何能譜曲填詞去說愁？

對於絕大部分的中國人來說，愁繫於窮。你肚子不曾空過，寫出來的，又怎易挑動那餓得將死的大眾？

所以說，去造就一個藝術家，首先要讓他吃一輩子的清苦。待他餓得半死，冷得半僵，才好去吊他一瓶「鹽水」，賜他半件單衣。鹽水的濃度亦即閣下捐助的錢數，也至要恰當。既不可太淡太少，否則弄出人命。也切忌過濃過多，否則一下子讓他脫離了窮苦大眾的行列，他的藝術心靈和藝術生命，就會即時斷送。這，豈不辜負了上天賜世人以藝術天才的一番美意？

傳世的藝術佳作，大多是悲涼淒怨的。偉大的藝術家能不自殺已是萬福。那潦倒終生、失意落拓、腸餓肚冷的精神上和肉體上的痛楚，又算得上什麼。

李後主若不亡國而「人生長恨」，難登詞壇的巔峰；蘇東坡如不「塗窮」到「空庖煮寒菜，破竈燒濕葦」而哭，其詩詞書法，未必俱成極品。所以，凡自命一流藝術家的，請先接受自己注定命蹇，要跟普羅的貧苦百姓世世捱窮。

(1998-09-15)

留金歲月苦

天道循環。繁榮過後，例必蕭條。有銀兩的時候，自易一擲千金。晚晚鮑翅，夜夜笙歌。睡眠不足兼消化不良，口氣自然臭大：千金散盡還復來！

復來？世情總教人失望。九零年多城的樓市股市一塌，大家才懂得粗菜淡飯，方最健康。

源頭缺水，惟有節流。慳得且慳。金不可輕擲，錢最好長留。在經濟蕭條的留金歲月裏，一切從儉：決由四千呎的華宅搬住四百呎的斗室；由品嘗五塊錢一小碟的清宮小吃改食九毛九的粵式點心；前享十四元一公斤的上等嫩雞脯，今食二元一毛八的次等粗雞腿；昨天才駕平治寶馬顧盼自豪，今日改揸通用車廠的「教化你呀」。這叫做「通縮」，衣食住行通通縮。

留金歲月，人縮如龜，養命。香港人今朝喊慘，殊未知於B嫂由月租十五萬港元的會景閣遷往六萬元小蝸居的七年之前，在多倫多的A君，老早已經忍痛斬掉列治文山那供他命的六十萬加元的大豪宅，改而租住Downtown教堂街破舊不堪的小阿柏文，希望多留兩分錢傍身。可嘆多市八卦的傳媒，都沒有來「追擊」。

齊捱留金歲月，掙扎求存。「加燦」之苦乃移民啞覅個活該，港人之痛實貪得無厭自澆的苦果。借問，誰更淒楚？

(1998-10-06)

雪暴感懷

加國生活，離不開雪。雪後成冰，冰後再雪。雪恣冰虐，難捱。十年前來加第一趟看雪，《齊瓦哥醫生》式的野雪淒迷，挺見詩意。今天哩，休提。

九九年元旦，雪伯趕來多城贈慶。這一回禮雪最巨。一下子吐它個百年未見。劇雪之後，道路兩旁堆盡巍然的雪山，橫亘萬里。行人過馬路添享爬山之樂，多得佢唔少。

爬山講技巧，至要步步為營。浮白融著污雪泥，包藏黑心的滑冰。一失足而滾落山崖，不死亦傷。聰明如中國人，會沿山坡上前人的腳印走，跌低機會極之微。就不幸而栽了筋斗，也是前人走歪了路，是前人走路文化出了問題，真個他媽的錯不在我。

愚公移山，以移代爬，足見爬山向來不是中國人的強項。中國文化的強項，是留在家裏搓麻將。麻將抬上東西南北四家各自疊一道萬里長城，四道長城圍成中間一片小天地。依足前人規矩，打出摸入、誅誅碰碰，讓中華歷史的旺喜衰悲日夜在城牆內迭演。

長城之外是雪山，乃胡虜之地。只有唐玄奘那一類有救世心的傻瓜精英才會去攀爬。玄奘法師出關西遊去爬山，事前未經大唐政府批准，屬非法違禁。他在外面淹留十七年而不敢回國，恐怕也是這個原因吧。唉！

(1999-01-26)

見狡兔而思齊

狡兔有三窟。聰明的人，不會將身家性命全放在一籃。故而決心移民，東西為家，旨在逃風避雪。東邊風時我赴西，西邊雪時我往東，安樂之極。

頻進出於多倫多及赤鱲角的國際機場，趨吉避凶兩邊走。最好在中國大陸也有個窩，滿身冒牌在羅湖關卡閃出閃入，那就更妙。

投身地球村狡兔行列，要有大智大慧，要精於溜而敏於行。一拖泥帶水便成「兔絲燕麥」那不可以用來織布的兔絲、不可以拿來吃的燕麥，是浪得虛名的廢物。

想無風無險年年吉，就得當機立斷、隨身細軟。往往返返須快如脫兔，是「兔起鶻落」、清脆俐落，這才可以兩頭齊到岸。

狡兔逃生，講求速度，時間比婆媽的道理來得重要。莫效雄兔之撲朔、雌兔之迷離，都懵懵蔽。切要瞪大眼睛，腳底抹油。若眼光稍遜腳兒稍慢，溜之大吉便極可能變成是坐（天牢或移民監）以待斃。

所以，兔年首要做的事，是向狡兔好好學習。大年初一清早吃熱騰騰白粥香煎蘿蔔糕時要多加一條紅蘿蔔。口爽爽之際，找爿桃木，以兔毛筆蘸墨疾書：「香江納餘慶，多市號長春。」聊與看官拜年。

香江好，多市好；多市好，大家好！

(1999-02-23)

玻璃亦琉璃

年初雪暴困室，多至之日，正苦佳節無餚，而多城名廚賢夫婦竟雪中送翅而至。滿心感激歡喜之際，不虞魚翅之外復示《明報》石琪所寫南海江太史一文，問我文中江府對聯之「琉璃」當是何物，即時考起陋學。

隱約記得，琉璃殆即「玻璃」，於是信口答是玻璃也。及後頗覺不妥，忙翻《辭海》：「琉璃」乃「扁青石」、「昔宮殿之琉璃瓦即是」。則琉璃乃「青石」而非透明的玻璃。牙擦擦撞大板，既羞且愧。

然而，心中猶有所未釋，決而翻箱倒篋，幸找得舊日所讀漢學大師滕田豐八（Fujita Toyokachi）之《慧超往五天竺國傳箋釋》（一九三一年六月北平泉壽東文書藝校印），論證瑠璃即「水精」、「璧流離」、「吠瑠璃」……，且言：「據希（Hirth）氏云，中西民族稱玻瓈或水精，曰卑羅爾（Belor）或勃羅爾（Bolor）。與此吠琉璃同。玻瓈始見唐書，乃吠瑠璃之省。」（頁十五、十六）則琉璃確亦指玻璃（玻瓈）也。

唐玄奘譯《藥師瑠璃光如來本願功德經》，藥師發十二大願，第二大願「願我來世得菩提時，身如瑠璃，內外明徹，淨無瑕穢」。國鍵凡穢，無緣遇見水晶身，但求覓得頭頂遮蔭一片瓦。

(1999-03-23)

準備好未？

做人呢，要有心理準備。

小時不聽話，籐條兒一晃，你開始明白什麼叫做心理準備。

在學校，考試失手或老師打錯分，成績「紅線女」，你要有心理準備。至於同學仔在你背後說三道四，在課室虛掩的門頂上放個粉擦來「陰」你，你更要有心理準備。

畢業後往社會辦事，同事都愛互打小報告。有天波士突然在你面前大談世事不會「冇咗邊個唔得」，你得有心理準備。

中年粗有家當，成爲異性的獵物，你你，就更更要打醒精神。一旦給射中爲奴，不幸還製出個忤逆仔，那從此會否天天家嘈屋閉無寧日，你要有心理準備。

爲了兒女著想，你又會精到學人去移民。你身旁的友好準會雄辯滔滔，嘲你往外國後要有心理準備。決意鬆人的你，在他嗦氣時也許回敬兩句：留港？要有心理準備嚁！

可不是麼，這年頭，隔一兩天，總會有人跑出來叫我們要有心理準備的。

年老多病，進出醫院，最怕聽醫生對你輕描淡寫地嘆一句要有心理準備。

天命難違。人，不外是一場又一場甜酸苦辣的———心理準備。唉！

(1999-03-30)

揚西抑中非所願

人，無論凡聖愚賢，都難逃一死。世人學道修佛謀長生，皆是妄想。道祖老聃、佛祖釋迦，同樣要死。據洪亮吉《曉讀書齋雜錄》，老子未嘗入西域，死葬大陵。至於佛祖，則「涅槃等經云釋迦牟尼年未五十即死」（並見三錄卷下，頁六、七。光緒丁丑授經堂重校刊），連長壽也談不上。耶穌基督道成肉身，在十字架上一釘喪命，春秋不過三十。足見肉身不死之說，荒誕不經。

有死便有哀。《心經》教人「無老死」，從來知易行難。洪亮吉在秦隴一帶佛寺所見臥佛涅槃圓寂，有「十大弟子皆在旁雪涕」（同上引），遂問「則所貴乎佛者果何在乎」，問得真好。佛若真能滅死生，那得道之弟子們哭啥？

天地不仁，人生終不離哀。是以抒發感情之詩詞書畫音樂，莫不以演繹人生之無奈悲鬱爲至珍。什麼鑼鼓喧天萬紫千紅，徒得個淺薄的喧嘩鬼叫。

人生太苦，愛上喧嘩鬼叫未必是錯。但，文化畢竟是生命哀傷的沉澱。京劇粵劇之於西洋歌劇，小提琴協奏曲《梁祝》之於柏卡尼尼那懾人心弦的Ｄ大調，鋼琴協奏曲《黃河》之於貝多芬的《皇帝》，一比之下，文化誰更沉厚，可一耳而了然。

(1999-04-06)

咖啡淹死蟻 (一)

多倫多四月十九日。天才亮，鬧鐘便響著。徹夜盯著電視看公車工會是否宣布罷工的阿蟻，才剛入睡就給吵醒了，要趕從未坐過的 GO 火車。

出門，攝氏兩度，陣風四十公里。平日空空無人的大街，十數人已在趕路。談判破裂等於罷工，原來是不用正式宣布的，大有美國佬轟炸南斯拉夫不宣而戰的威風。整夜傻等的阿蟻，暗地操他一聲娘。

沒有公車，搭ＧＯ火車再徒步是貧民唯一的選擇。火車廂內擠死人。沒好睡過的阿蟻，站得腿痠頭眩。人說，在加拿大，每隔三、四年便得演習走難。阿蟻想起科索沃，自己還算幸福。

迫焗了半句鐘，火車叮叮的駛進市中心的聯合車站。阿蟻吸一口氣，鞭策自己那風濕痛的腳兒，急走四十分鐘的路，終於到達他上班的登打士唐人街。臉上流著熱汗，內衣濕透冷汗。阿蟻明白，捱熱抵冷方丈夫。他鬆了一口氣，也嘆了一口氣，總算沒遲到。這份時薪才七大元的蟻工對他來說，確是生死攸關的。

午間，骨瘦嶙峋面青唇白的阿蟻蹲在鋪頭的一角啃他的白麵包，骨碌骨碌地喝著白開水。電視畫面，肥施大隻油光泛臉的公車司機在訴苦，罷工只爲爭多一杯咖啡喝。（待續）

(1999-05-04)

咖啡淹死蟻 (二)

黃昏陰雨，阿蟻拖著疲竭的軀體，再走一次難。他咬緊牙根，終於回到了月租三百元的土庫幽居。室雅何須大。

先洗一個熱水澡。把昨夜的殘飯放進舊焗爐，安坐在破椅上聽小收音機那甜蜜的中文電台。新聞報告，省府將頒復工令。心底頓時泛起一絲暖意，絕處逢生覺飯香。

飯才進口，耳邊突然又響起，復工令因新民主黨（NDP）的反對而告吹，謂對罷工司機不公平。少喝一杯咖啡就叫不公平？阿蟻不大明白，飯鯁咽不下。NDP 不是最關照窮人的麼？自己年薪才一萬四，難道不夠窮了！

四月二十日，東方微白。累得快死的阿蟻便往火車站去。《多倫多星報》頭條斗大：「公車司機年薪五萬二，市長賴士民驚呼，哇，鬼死咁多錢喎！」全省平均年薪才三萬三。公車司機此後三年且獲加薪共六巴仙。貪得無厭的罷工若得逞，票價勢將多加三毫子，由搭客付。

每天要多花的六毫子，在公車司機是多飲一杯熱咖啡。在阿蟻來說，卻足吃半頓塡肚活命的午飯。想起昨天電視畫面那公車司機嘴角邊殘留著的啡奶油，一陣噁心，不禁爲自己蟻咁勤力卻慘被一杯咖啡淹死而嗚咽起來……。（完）

(1999-05-11)

格價能防老痴呆

在加拿大生活，除非家財億萬、樂於濟富，否則必難免日久而與精打細算的師奶合流，做眉精眼企的消費者。三元二毛九經濟裝香梘，一步之遙的別店，同樣貨品卻天天賣二元三毛八，平足一半。不信？請往多市的「拾扒」和「度兔」看一下「皮亞士」的梘價吧。

在加國住得耐，自養成一種凡購物前先往「格價」的習慣。有了這種習慣，就可經常享受著搵人笨而唔俾人搵笨的心靈之樂。慳上十元八塊，等於賺得兩小時的苦工錢。不做工而能賺錢，又別是一種居加養老的奇趣。

且你一旦有了格價的習慣，自必同時會養成一種先閱單而後付錢的精神。有了這種精神，你又不難發現，說了減價而不減、講明折扣而不折的陰招，常明目張膽地躍然單中。你或暗裏罵它錯，誰不知一問之下，搞錯的往往係你。可不是嗎？你年老眼矇卻不自帶放大鏡，沒仔細看清楚減價牌上面斗大的價目下面那比蠅頭還小的英文縮寫的那一行：減價只限某日，又或僅限同類貨品中指定的某一種。唉，你還不速速付錢，兼賠不是！就算貨品與減價的圖文一樣，收銀員仍會不慌不忙說：sorry，係電腦未改價啫。

你終於明白，加拿大人原來不單只博大博愛博同情博原諒，還更擅於——博你懵。

(2000-01-04)

語言犯賤

中國語言文字之賤，未必在外語之下。形音假借，耐人尋味。當然，自尋的「味」，也未必、亦無法證實是作者的本意，莫奈之何。

結果，在言語上含沙射影，千百年來成了中國文人慣使的絕藝。例如：

對無恥之徒，你大可尊之年老———無齒。名成利就堪稱人中龍的老哥，城中美女依之甚眾，去年當黑，偏遇上一個——唔依你。

語帶雙關，容易惹禍。不惹禍也惹笑。姓吳的忌名「安樂」、「多妥」之類，人所共知。惟姓米的不慎而改名曰「郁」，那就不但會害死自己，還會連累街坊。在婚宴席間珠光寶氣飲飽食醉之際，突然有來搵米者高叫———米郁！能不嚇賊死？至於「楊修之死」曹操嫌園門闊在門上加「活」字之類的故事，也不宜在課堂上教，否則蟲惑仔必然舉手狠問：若嫌門小，該寫個什麼？

小這個字，實在是不宜亂講的。當然，姓潘姓張而冠之以小，除了添了點太監味外，倒不失親切。唯獨遇上姓李的，在大庭廣眾下，你竟膽「小李」一聲，他就不恨爾入骨，你自己也斯文掃地。

在下普通話差，閒將潘國鍵唸「偏作賤」。販文犯賤，得罪人多，還望讀者海涵，莫賜一拳——余揪汝。

(2000-01-11)

文藝苦旅

人生無可奈。既敵不過生老病死，也鬥不過物慾折磨。肚一空，餓腸就鐵漢也難抵。為了吃飯而賣藝街頭，沒了藝術家的「尊嚴」，雖屬無奈，卻已較蓬頭垢臉蹲在路邊伸手討錢的，高貴萬倍。

雖說高貴，畢竟淒涼。在多倫多地鐵站那陰暗的羊腸甬道，你會隨時遇上這等既高貴又淒涼的人物：有在吹彈的、有在敲擊的、有在拉弦的……。

你也許會給他一兩塊錢，駐足作欣賞貌。當然，是在欣賞還是在同情，又豈易分得清楚。挨苦挨窮，本就是藝術家和文學家的必經歷程。因此，在冷寂的甬道飄浮著的樂聲，無不濃郁地夾雜著一股命運弄人的蒼涼。你也許會說他們是自得其樂的，是刻意放下自尊給眾生快樂的。只不過，若然有錢，演奏聽多的是，何不自租場地開個免費音樂會，知音聽得更舒服，自己也不愁寒風冷雪招人白眼。

數月前途經芬治地鐵總站，站內通道暗角，正坐著一位拉大提琴的，是個華人。技巧一流，音色絕佳。看樣子，大概是從中國內地來的吧。中國文藝界頂尖的人才，跑來加拿大往往要憑「獻世」來活命。難免琴音淒滄，都哭訴著他們錯託文藝兩餐無繼、誤旅異國一生落泊的———兩種惆懷。

(2000-01-18)

早封早著

從事文藝工作的人，大多是有名無利的。收入與付出遠不相稱，名愈大而愈苦痛。

九九年十二月三日《明報》梁慧玲訪問年輕的名小說家黃碧雲，第一句就寫黃小姐「考慮封筆」。原因是，十五年來六部作品，每部賣得不過二千本，「連專業作者應有的報酬也拿不到」，靠什麼來生活？

有數得計。就年產小說一部，每本售港幣百元，賣他二千本二十萬塊，扣除印製成本和香港貌甚忠厚的出版商的「合理利潤」，能入黃小姐口袋的，每月不外數千塊。這已是成了名的較佳遭遇。黃小姐固爲之感懷身世，「寫作所得到的酬報，微乎其微到不夠吃一餐英式早餐」。殊未知那沒成名的，大概連啃半條中式油炸鬼的資格也沒有。黃小姐實在問得好：「還有什麼希望可言？」

希望確是沒有的。國鍵年輕時獲台灣商務印書館出版的那本什麼歷史研究，賣的也不足二千本。那年若靠版稅吃飯，早已瓜直。

九九年《Time / The Princeton Review》調查所得，美國各專業年薪起點，醫生平均十五萬美元、商界七萬五、工程五萬、律師四萬，文科例如一個擁有博士學位白了少年頭的英文助理教授，只值三萬五！唉，你還有勇氣叫下一代全職搞文藝嗎？

(2000-01-25)

小心受騙

美國今年總統大選未能如期順產，如何善後，得看美國佬的智慧。至於美國各大傳媒報料頻頻犯錯，論者咸歸咎鬥先搶快。慢工出細貨，中國老頭今趟可威番一次。原來大家都還在摸石過河，天堂尚未得登，美式民主憑什麼呱呱叫？更何況彼岸天堂未必存在，就真的在，登了而給天父佛祖早晚　實，倒不如就呆在凡間打滾，一同去作大、搞錯、歪曲事實，那生活才夠麻辣。

凡塵無真善，制度總有疵。投票和點票過程中有否暗地做手腳，天曉得。國鍵只知，近年社會上玩作大遊戲意圖瞞天過海又或引君入甕的手法，確層出不窮。這不僅傳媒頻頻失德，整體社會在利慾薰心的劣風下，也在集體幹著敗行。種種近乎欺詐的行徑，在所謂民風淳樸的加拿大，不意也常見屢聞。要是年少粗心又或老眼昏花，隨時會成受害人。例如：多倫多大學明明規定，在指定日期前退修科目，學費是「百分百」退還，冷不防背後卻扣你「行政費」，「百分之百」云乎哉。銀行定期利息掛牌七厘，卻不虞可以解讀爲只適用於所存款項六萬元以上的「那一部分」。六萬元以下的那一部分，年息實僅四厘三。懵懂如國鍵，當然中陰招。

爲了權力，爲了金錢，在「合法」下各出茅招，博你一個不留神。故此，若有人拍你門說可代你投資賺錢，又或能替你慳省煤氣電費，你最好打醒精神，簽字前先用放大鏡逐隻字問。

(2000-11-22)

偉哉卡拉揚！

聖誕節後的「扑醒日」，第一個目標，是往某唱片店買卡拉揚(Herbert Von Karajan)的作品，只要你夠「醒」，一扑便中，必滿載而歸。

卡拉揚(1908-1989)，在西洋古典音樂界享負盛名，是二十世紀最有成就的指揮家。一九五五年他擔任德國柏林管弦樂團首席指揮，從此雙寶合璧，成爲舉世矚目光芒四射的古典音樂偉大的演繹者。加上德國Deutsche Grammophon唱片公司的優質製作，昔日在香港買他一張雷射碟，動輒付銀兩百。今在加國，亦需加幣二三十塊。

卻自兩年前始，爲紀念卡氏逝世十周年，Grammophon重新發行卡氏八十大壽時輯錄的《卡拉揚經典一百》，分開每張只賣加幣十元，平靚正到你唔信。國鍵父子俱卡迷，欣逢「扑醒日」還買三送一，變相七五折，能不邊掃邊說不大好意思卻又不亦樂乎？

何以廉如此？相信這是卡氏爲推廣音樂文化而一手設立的「卡拉揚基金」的遺澤。卡氏的偉大，不全因其演藝之曠世，而尤在其知所回饋，耆年時捐出家財，既爲留傳其音樂遺產而盡心，亦爲培養下一代音樂人才而獻力。就這種超人的遠見和襟懷，已教他永垂不朽。

在香港呢，粵劇泰斗，生前是朱門酒肉，身後是妻兒爭產。買他一盒才二十分鐘的首本名曲錄音帶，要花港幣近百。至如冠絕一時之任白，錄音CD《帝女花》，索價逾三百。在推廣音樂並發揚其遺世之絕藝來說，面對卡拉揚這位巨人，登時都矮了一大截。

(2001-01-10)

相處易，謀生難

在加拿大，華洋關係，大概可從三個層面去探討：

從消費的層面看，愈賣高檔貨的老闆或有佣抽的推銷員，對華人愈是敬重。新來的華人一般都有個錢，喜歡付現金，一次過找數。如此顧客，北美難求。想換輛平治四驅車？華人經紀話試車要預約，洋經紀一看見是你，二話不說，笑嘻嘻的叫你簽個字，車匙便自奉上，可受寵若驚了吧？

從平日交往的層面看，要與洋人和睦共處，也一點不難。國鍵在多大念書時開始與洋眾打交道，經驗是，只要善於笑著 say hello，主動去幫幫人，很快便交上朋友。

洋教授想了解中國嗎？得得，立代搜資料；洋同學想借書嗎？得得，翌日務使之如願。間中且請他們往唐人街嘆頓茶，吹捧一下我中華飲食文化。雖掏腰包花點錢，但大家開開心心，又何須計較？

對於洋鄰，尤要多多關懷。清理車道，絕不自掃門前葉。要掃，就左鄰右里都掃埋，當做運動吧。種玫瑰需除蟲？隔籬一開聲，即自攜噴蟲粉報到。見面時噓寒問暖不在話下，夏日若有「雀友」來敘，尤記關緊門窗，開大冷氣，免霹靂拍啪討人厭。大家都愛靜，靜靜地就輕易地成了朋友。

去年，洋鄰舉家外遊，囑代收郵件。今年呢，竟連門匙也一併交託了，感動得我！

從謀生的層面看，國鍵在這方面可無甚經驗。據朋友說，愈居高位，而愈覺其艱。唉，稍涉利益，顯性隱性的歧視，都一一來啦！

(2001-01-17)

何謂富有

在加拿大生活，什麼才叫「富有」，可真不易說。論貧窮，則政府每年開列貧窮線，大抵家庭年入不足三萬謂之窮。至於富呢，官府無指標，一切由民間自話自說。那五巴仙的所謂「高收入」人士，在萬稅之下，想儲現金一百萬，信亦有點難。不過，在加拿大有真銀百萬而自誇爲「富翁」的，卻也甚是惹笑。區區百萬，不足活過世，還叫什麼富翁來？是以坐食常恐山崩若國鏈之流，無時不爲投資保值之道而憂心。也無怪乎吾友驚訝於多市某新移民坐擁千萬巨資，而天天還在呻貧。

即是之故，真正的富貴人家，絕不會以錢財地位炫耀於人。高處不勝寒，他們大都沾點莊子「藏金於山」「藏珠於淵」的「韜光晦迹」的思想（郭慶藩《莊子集釋》卷五上），決不會腕露一隻肥「金勞」、指戴兩隻翡翠大玉戒，刻意地在人們面前閃黃閃綠，映映揚揚。

只有傻瓜如北魏元雍之流，才會以富驕人，才會「出則儀衛塞道路，歸則歌吹連日夜，一食直錢數萬」（《通鑑》卷一四九梁武帝天監十八年條）。富貴而「識懷短淺」，究多死於非命，害已禍人（《魏書》卷二十一上高陽王雍傳）。真正的富貴人家和成功人士，都講求「識懷」，都謙厚樸儉如故鄧爵士，都虛懷若谷彬彬有禮如蓋茨。有身家不過幾十萬而天天穿金戴銀招搖過市驚死人地唔知佢「富」，只屬平日遭盡白眼而突然「走包運」的三流艷星。想學李超人發大達？請先學他待人接物的謙虛態度啦！

(2001-01-18)

蛇有蛇福

今天大年初一，恭祝大家，百事大吉。

新歲辛巳屬蛇，一切宜小心爲上。因爲蛇之爲物，惡毒居多。看番鬼佬醫學的標記，是一棍直打萬惡蛇。伊甸園裏亞當夏娃吃的，也必然是紅卜卜的最清甜爽脆的「蛇果」。在香港，「蛇果」是六十年代送禮的佳品。來拜年的若送上蛇果一打，你必笑逐顏開，回他一封大利市。

不過，今人未必知古例，蛇兒實非盡吉物。漢俗迷信，遇上蛇而見其交合，又或幻見其有足，都是凶兆。是以拜年講蛇，情況頗如新春往賭局而遇上禿頭和尙，又或無聊人送你年畫而怪蛇添足，都犯正大忌。

今歲既是蛇年，蛇無可避。南面一聲經濟蛇眠，北面便自杯弓蛇影。蛇若真是惡鬼，今春當要請益高人。看法海和白蛇之間的恩怨，可否唔好來真。否則金山寺被蕭條之洪水一淹，俺等金山僑民，未必都走得甩。

防之未然，但望人面蛇身的蛇神伏羲快現金身。伏羲既能派黑蛇銜夜明珠去幫大禹鑿穿幽暗的龍門，又賜之八卦和度量天地的玉簡以助疏濬水患，今趟沒理由不救救在金魚缸內遇溺之眾生。正是解蛇還須繫蛇人，只要蛇心慈發，一樣造福人群。頂多今年與蛇爲友，多跟印度人蛇坐蛇想吹蛇笛。晚飯則多吃俺廣東馳名之「蛇菜」——以各種大蛇配以雞、鴨、貓、豹貂、山瑞、海狗、鮑魚、水魚等等，經炒炖燜燴煎，還成一大鑊。吃了保延年益壽，逢凶化吉，平平安安的在加拿大這暖蛇窩裏——蛇得就蛇。

(2001-01-24)

進寶招財蛇壯膽

今天大年初二，再祝諸君家肥屋潤，快樂年年。新春佳節在乎吃，唔大吃就蠢。

就講大年初二，民俗話「開年」，先吃「開年飯」，少不免又是肥雞肥鴨肥豬肉了。以肥開年，象徵一年就此肥下去。不過，肥與不肥，還看能否發大財。故此初二最隆重之事，莫如「祭財神」。咱中國民俗，今日且必有童子上門兜售「財神」的，你當然是唔買唔得。

香港人凡事爭先，串售「財神」的活動，早在年三十晚就提前進行。若免頻頻給財童叩門騷擾，你無妨在門前貼張揮春，寫道：財神已接，真個抱歉。兼可省點開門關門的氣力。

祭財神，須敬備大雞和大鯉魚，合而始得謂之「大吉大利」。此外，又須狂吃餛飩，以餛飩似元寶，愈吃而愈有財源廣進的發夢功效。這幾年多市活鯉不難買，一磅也不過兩塊錢。餛飩則十元五十隻，抵過進貢「六四九」。

明天大年初三，粵謂「赤口」，易招口舌，甚類北京年初五之「破五節」，往別家走動不吉祥。最好還是留在家裏，學台灣人吃「長年菜」（芥菜），沾點「長生不老」的好意頭。

清理腸胃後，初七「人日」，人人生日。爲了賀蛇，不妨再吃「龍虎鬬」（豹狸燴三蛇），此後自是一身的龍精虎猛、龍威虎膽。就給毛伯伯「引蛇出洞」，也不會傷我一根汗毛。若江爺爺迫我繼續匍伏蛇行，我一樣「四萬笑容」。頂多學陳太劈蛇炮，從此「蛇王」去。既有「元寶」、「芥壽」、「龍虎」在肚，大可放膽跟紫陽道長媽一句———怕什麼！

(2001-01-25)

只能盡力

寫專欄，是很提心吊膽的。寫得不好固然貽笑大方，就寫得愜意，也未必人人說好。既是自願給攞上了台，便須接受近乎赤身露體的讓台下觀眾品評指點。

旁觀者清，當局者迷。在台上的表演者隨時鬼掩眼地犯錯，觀眾則總又神奇地特別眼利，小小的瑕疵也看得出來。

所以，做編輯的擔子很重。「把關人」要陪負法律責任，當然有權刪改。改得好，感激無限。偶爾錯改了，本也一番心意，若對文意影響不大，自一笑而置之，倒因其工作之孜孜而心生佩服。

專欄既不易寫，唯有小心謹慎。言當有據，論事不議人。引用資料，若篇幅容許，必註明出處。例如國鍵寫加國醫生平均年薪七萬六，乃依據加拿大政府的統計資料，文中已註明網址。有讀者不同意，說該是二十五萬至四十萬。這當然是對的，但相信只合在大都市執業，又或是個別的專科醫生，才薪高如此。若論全加國，則國鍵還是相信官方公布的數字。

不過，國鍵也不得不承認，自己寫文章經常犯錯。先師嚴耕望教授治學嚴謹，寫學術文章，發表前必交給學術界的朋友過目。國際巨擘,小錯還是有的。小兒暑期幫洋教授做工，教授給他一篇幾經眾教授訂正，行將發表的有關血小板的醫學專文定稿，叫他三校。他竟發現錯處凡三，教授亦爲之面紅。

國鍵並非才子，滿紙荒唐，也不好意思驚動朋友。敬愛的編輯大哥大姐，看你們啦！

(2001-03-07)

人間四月癲

人間四月，確是個令人容易發瘋的月份。主耶穌基督給釘死在十字架上，固是四月人瘋的典證。在中國，陽曆四月初，清明時節雨紛紛，欲斷魂的行人因思親過度而忽發瘋癲，在先人墳前喃喃癡語，追問著怎解佢仍未發達的，也大有人在。至於大學生們在四月考升級試、畢業試而給迫瘋了的，亦比比是。

在加拿大退隱，勿以爲遁跡湖海不問俗事便可與四月之瘋無緣。一踏入四月，只要你是成年人，雖非教徒而免了復活節的哀思，且亦無山可拜而少墓前泣血之傷痛，但你還是大有機會瘋起來的。一對著四月底前便須塡妥交上稅局的一大疊的報稅表，還未動筆便先自有了瘋的徵兆。神經兮兮的，「T4」、「T5」等各種入息證明務要弄齊，一張都不能少。厚厚的一疊，若不幸其中一張因來郵寄失而忘了塡報，日後稅局便有你好看的。不想和稅局大員傾偈的人，又怎能不提心吊膽著呢。

收齊了資料，努力整理好幾天。頭大如斗，老眼如昏，勉力將大堆的數字往繁複到癲的報稅表和各種表格上搬來搬去，僵硬的老指頭在小計算機上跳來跳去，給累得發瘋還來不及，那計算機終於顯示出來的你今年要交的稅款，才真重重的嚇你一大跳。你必然即時給嚇呆了一整天。不是因爲數字太多太複雜，而是須繳納的稅款數目實在怵人。倘身邊沒預留足夠的現金去應付，心亂情急，可更瘋上加癲了。

四月，是瘋病的高危月，特別在「屠龍都」(Toronto)這楓地方。

（2001-04-04）

曾子之言，差矣

夫孝者，善事父母也。亦即供養事奉父母便是孝。曾子卻云：「大孝尊親，其次弗（不）辱，其下能養。」硬將孝道分成三等———上等建功立業，父母受人尊戴，例如兒女當大官，父母便如何的光寵；次等不爲非作歹，莫令父母蒙受恥辱，例如幹了姦淫擄掠，被人「問候」佢阿媽；下等努力幹活，供養父母，例如與父母同住，茶飯之外，昏定晨省。

曾子論孝，講得甚好。可惜尊親陳義太高，也無意間正中那自視爲萬民父母的封建君主的下懷。爲了讓你「尊親」，才叫你「爲黨國殉難」呢。死了在你家門楣釘個「革命英雄」之類的金匾，給你老父母的臉兒貼點光，便成了自古以來人們津津樂道的「忠孝兩全」了，犯不著新馬仔咿咿啞啞的唱那《一把存忠劍》。盡孝未必盡忠，盡忠卻因爲「尊親」而必屬盡了孝———而且是大孝！

曾子的大孝觀不但容易給統治者利用，而由「尊親」而誘發的名利心，也往往是導人作惡的根源；又或者「力爭上游」而不幸患上「工作狂」，也磨掉了照料父母的心情和時間。存意大孝，結果反成了大大的不孝。

孝道政治化，於人無益。東漢舉出個「以孝治國」，也徒得個「王祥臥冰求鯉」「孟宗哭竹生笋」等大堆神奇怪誕的孝故事，社會道德還依舊敗壞下去。歷史告訴我們，道德一旦給統治者掛上口，它即變質爲虛僞陳套。孝，本出自兒女發乎天性的反哺之心，實簡單純淨不過。把它扯上社會裏的虛譽浮名，太勢利了吧。

（2001-04-05）

父之產？

在封建的父權社會，生兒育女，對男人來說，是一盤近乎無本而可生利的生意。風流之後，女人珠（豬？）胎一結，生下來的兒女可以拿去賣，在身家上要算是一種有形的進賬。故此，妻妾愈多快活愈多而進賬又愈多，那脹大了的不光是女人的肚，還會是男人腰包——「父之產」。

在中國古代，兒女是父親所控擁的一項資產。他們在家庭中的地位，亦僅稍高於所飼養的牛馬。視子女爲財貨這一觀念，在婚禮上翁姑例替新婦戴上一條斤多重的黃金巨頸鏈，環扣著十隻八隻小肥金豬墜兒，大家便自心照不宣。意頭當然是祝願媳婦豬般生養、年生豬子。「添丁發財」，丁便是財，可以用來作買賣了。何況丁的價錢，要比肥豬還高呢。

就不拿去賣，留在家中幹粗活幫手搞生產——放牛插秧看門口，也甚具生財之實效。至如成本呢，「天生天養」，不過糙飯半碗而已。

卻不知何時起，到了國鍵這一代，「父之產」忽地成了「負資產」，「一生兒女資」變作「一生兒女債」。兒子這十數年來衣食住行供書教學等各種開支，屈指一計，已逾加幣百萬。如果資不抵債叫做「負資產」的話，則孩子出世時父母若稍窮，那呱呱之聲哭的恐必是一家自此墮入負資產。且極會是無了期的負下去，只能邊怨邊學「小小超」玩撇賬。想收回股本？太妙想天開了吧。

不過，撇了又有什麼用，債還是纏身的。其中牽兒掛女的心債更日深。望甩身？仙遊之後啦。

（2001-04-11）

處身夾縫的悲哀

近日，加拿大又發了罷工瘟。別省不用說，就安省的多倫多市，校工大罷工，《星報》及旗下的《星島日報》亦罷工，都鬧個沸沸揚揚了。在加拿大這獨特的社會，凡有罷工，得益者通常是罷工的一方，而最終的受害者，卻又不一定是資方，而必會是夾在勞資之間的小市民。情況實同多市市府與安省省府因爲多市的財政赤字而大鬥法，唇槍舌劍，刺傷的卻是夾在中間甚覺無辜的小業主。差餉據報一加便十八巴仙，真係唔得佢死。

這回多市校工大罷工，迫教育局關閉學校，受害的當然不會是校工，也不會是教師和教爲局，而只會是無辜而又無助的學生。情況直如上趟多市公車司機大罷駛，受害者決不會是公車局，因爲做多做少沒關係，請放心，錢自會由市府去補貼。若市府不認賬，那更好，又可加票價了。羊毛出在羊身上，據報，今年五月羊又要多出一毛了。罷工時的創傷和損失，罷工後的後遺症，都一由夾在縫間的小市民——大多數且是靠搭公車返工上學任由宰割的弱者——去默默承受。

勞資雙方，各有立場。教師可加薪八巴仙，爲什麼校工不能加？華人的工資，爲什麼總比洋人低？多市公車司機拿年薪五萬二，爲什麼還高喊著受人剝削？這都是值得人們好好探討的。國鍵識少，卻知勞資兩方之外，還有一方夾縫者才是真正受害人。國鍵唔懂大道理，只知凡引起公眾重大不便、又或終導致小市民荷包大縮水的一切罷工，我都下意識地先罵兩句。

（2001-04-18）

未必著數

近幾年，加國興起南溜熱，大家都嚷著往美國去了。

美國人工高，稅率低，就業機會多，這是事實。然而，美國大城市生活費昂，治安差，種族歧視和貧富對立嚴重，卻也是事實。不留在加拿大而跑往花旗國，得未必可以償失。

在美國，黃種人能居要位的不常見。貧民窟裏面摸黑生活的，有色人種倒佔了大多數。藍眼睛看黑眼珠，間中流閃不屑的神色。對，藍海才是太陽出沒的地方。黝黑的冥空，就怎的發亮，充其量也不外是顆微弱的塵星。

種族衝突，有錢大晒，人道精神靡爛蒼白。較之加拿大，美國確是個霸氣十足、人道萎縮的國家。民主黨當權時還稍講情理，共和黨一上台，保守主義便張牙舞爪，一切就是講惡。想改革那壓得中下層小市民沒氣透的醫療保險制度麼？哈哈，這會損害大保險公司既得利益的，不問而知其必然流產。那佔了美國近三分一人口的無保之徒，就只能繼續求神庇祐，此生莫罹大病。否則賤命一條，怎擔得起動輒過萬美元的醫藥費？所以，作爲有色人種去了美國便自我感覺良好，滿以爲生活和性命都更有保障了，可真阿Q得很。

在美國生活，就如何買療保，已年年夠你煩。須知醫院賣的是無保莫問的閉門羹。對待無保病危，絕情冷血得像中美「撞機事件」慘死了一個中國空軍機師，美機組員才獲釋，CNN直播，已急不及待地大讚他們幹得好，「美國引以爲傲」了。唉，死的是中國人，何疚之有？

（2001-04-25）

爲了醫療死方休

在美國生活而不買醫療保險，等同天天拿命博，一鋪而可輸掉閣下的身家性命財產。至如頭暈身熱這等小感冒，就買了療保也大多要自掏腰包。看一次家庭醫生，大概需銀美金六十塊，折合加元九十。對低收入的人來說，信必痛入骨。這也沒辦法，因爲醫療保金實在貴，就單買大病住院保，每年要繳的保費已足夠你捱。小小毛病，自己熬了算。

美國醫療費用之昂，舉世恐無雙。這是醫療私營下，醫院猛張獅口，保險公司又狂追盈利，結果你加我加，成了無止境的惡性循環。在美國的醫院，就一小團藥棉球，收費也美金五十塊。無怪入院做個小手術，承惠美金十萬乃等閒。沒療保的你，要準備隨時破產。

所以，長居美國，小病可以唔醫，療保則不能不買。買的方式甚類汽車保險，豐儉由人，講「墊底費」。不過，就怎的節儉，年屆五十若國鍵之流，夫婦保費每年至慳當亦美金八千塊（加幣一萬二）。且必是年年隨年齡而累加。

萬一不幸真患了重病而需入院，亦情同買車保而遇上交通意外，由於閣下享過保，來年的保費，必更是天文數字了。唉，移居美國的退休老人家們，這怎麼辦？

當然，美國打工一般包療保，至少亦包某個百分率。在唐人街則不然，大家既都「以生死相許」，講療保未免失感情，唯有寄望窮到拿福利金，又或有命捱到六十五，兼且打工納稅納他整十年（單靠收息維生不算數），才有資格享政府療保之福。加華今倡效美制，why？

（2001-04-26）

雙城憾事

六九年，國鍵大學同窗，因移民加國而轉讀多大。七五年回港，大吐苦水：種族歧視不易捱。頂氣之事，唾手可得。例如大學飯堂裏洋同學走過來向你碟飯吐口痰，竟也是輕鬆如唾手的。你只能低著頭繼續吃或不吃，假裝看不見。夜間更忌獨自走動，特別在陰暗的地車通道裏，隨時會有洋小子跳出來揍你幾拳。罪名當然係——臉兒未夠白。

八七年，國鍵唔信邪，攜眷奔投多倫多。有一次，在當妙道和羅倫斯東道間的公車站，就親身領教過白人種族主義者小頑童們的氣焰，當眾高叫中國人滾。童幼無知，唯有裝作唔識聽英文。不過，這類人十年八年後在社會做事，是否仍然無知甚或更加無知，倒令人憂心不已。

九三年，國鍵在美國聖路易市小住。有次往某著名文具連鎖店購所需物，東尋西覓未找得，唯有謙虛而又有禮地仰問於高我盈呎的洋店員。豈知不問猶自可，一問而即時上了「鸚鵡學舌」的一課。洋店員很認真地用你的口音把問題重複一遍後，帶著鄙夷的目光掉頭就溜。我赧赧的回頭問同來的老襟，他淡然的說，在美國洋圈子打滾了三十年而事業有成的他，在老外眼裏，終還是 alien 一個。

九六年國鍵歸居多城。爲了再考駕駛執照，拚著老命在師傅車上重溫規矩。有次車才在寶明頓道某交通燈前停下，冷不妨右線來輛小貨車，突探出一個洋頭來，兜臉向你大喊一聲「XX 搓泥廝」。唉，種族歧視，順道又重溫了一趟。

(2001-05-24)

慌生慌死

白先勇前輩向訪問他的記者剖心，痛六十年家國變幻，名都興衰，哀人生之無常，方生方死。輕描淡寫的幾句話，已教國鍵爲吾族百年滄桑愁足半天。文學大師的感染力，果非同凡響。

人生苦。才呱呱墮地，便是奔向死亡。然而，在人生道上，方生方死實未及慌生慌死之來得慘切。

夫慌生也者，爲生命之誕生與維持而恐慌也。其中大概又可分爲兩階段。未出世時，父母已爲你之將出生而慌。例如小兒尚在母體時，愚夫婦就已慌足了整十個月。胎兒稍有異動，即時心慌神悸：瞓床、吞補丸、打安胎針…。作爲人父的我，須提供二十四小時的貼妻保護，要照顧懷孕老婆一切的起居飲食，洗頭擦背。且更慌到去買輛私家車，接送出入。醫生話，搭巴士易致流產。此爲慌生之第一階段。

待兒子出了世，慌生的強度不但沒有稍減，反之尤增。除了慌怕孩子養唔大之外，又慌自己給豉椒炒魷，生活成問題。病可以唔醫，奶粉不能不買。後來經濟安定，卻又怕兒子上不了名校，慌他來日生活不易捱。至若新抱肯不肯生孫、用來養老的儲蓄所生的利息夠唔夠用 ……，唉，總之凡涉及生這一個字，總夠你慌。這是第二階段。

至於慌死，則人生五十之後總該會有。糖尿、心臟、血壓、癌腫，很有機會領正其一。此後你會發現，原來人生最快樂之事，不是中「六四九」，而是往見醫生聽取化驗報告，醫生愁眉突然一舒說你「沒事」時的那一刻。

五十催人慌。活的不但是慌生，且更是慌死的歲月。驀然回首，方生方死實在小兒科。

（2001-09-07）

遠離恐怖

中國人對於「恐怖」，習以爲常。五千年歷史，大部分是部恐怖史。春秋戰國，殺戮五百年，公元前二六零年長平一役，秦將白起坑殺趙國降兵四十萬，殘忍恐怖到極。魏晉近四百年的黑暗時代，漢人和胡人逃避戰火而途中「互相殺掠」，驚惶難計。現代中國，國共內鬥和日寇侵華的恐怖殺戮，上一代人聞之而尚有餘悸。至如文革，則更爲恐怖中之恐怖，其震慄幾比得上「九一一」。

對抗恐怖，善良的中國老百姓並無以恐怖撫平恐怖的能力。且中國文化向主溫柔敦厚，黃土地上不易培養拉丹式的瘋狂恐怖分子。

人們解脫恐怖，唯從宗教哲學入手。是以時代愈是恐怖，而佛學反之愈盛。人生在世，若執著生死，執著一切所見所聞所思之「境」，而不知萬境皆空、了無一物，自然就易惶恐終日。若想心靈獲得解脫，何妨多讀佛理。一旦悟了「色即是空」，便能「心無罣（掛）礙」，便是「無有恐怖」了（《般若波羅蜜多心經》）。

無所恐怖，是一種無生無滅的快樂佛境，又叫「涅槃」。佛性本無，如如不動，本來清淨，何必爲拉丹等萬惡之行而執著於怒，影響內分泌？只要執迷能破，便是《六祖壇經》所云「能除執心，通達無礙」了（《般若品第二》）。物皆空無，又何來恐怖呢？在今炭疽孢子驚魂之際，且念六祖慧能語：「不染萬境，而真性常自在。」還望施主都暫且放下，鬆弛一下吧。

獨嘆國鍵猶老不悟，就夜半後院幢幢樹影偶傳來簌簌怪聲，心總也是卜卜的亂跳。想是作孽太深，佛言「自在」，於我未見有緣。又或都是腐儒常染的———講就牙擦，做就忘八。真失敗！

（2001-11-08）

轉業之前先刮料

白雲蒼狗，人事難料。移民來到加拿大，又或慘逢「九一一」巨變，忽地失去本業，和在大學浮沉的學生哥一樣，不免爲前途而懸旌。

換女朋友事小，轉行卻是事大。事前最好多看參考資料，做市場調查。H.R. Cosgrove 編的《Encyclopedia of Careers and Vocational Guidance》（Chicago：Ferguson Publishing Co., 2000），你當然是不能不看的了。

對住在北美洲的有色人種來說，除了電腦之外，生化科技行業，相信是今日最佳出路之一。就以多倫多爲例，在生化高科技研究的領域裏面，華裔極領風騷。只要打開多倫多大學的網頁，不難發覺，在多大從事有關生物化學研究的華裔學者，多不勝數。有些且已卓爾成家，任職主管級，榮登世界知名科學家的榜冊。

華人在數理化方面的天分特別高，已是不爭的事實。而更值得高興的是，在自然科學界裏面，種族歧視的問題相對少。大家都醉心搞研究，在實驗裏面找證據，不似人文學和社會科學那樣，舉個什麼「文化差異」便排斥外人。只要你真材實料，不難脫穎。

大概是因爲這個緣故吧，《Encyclopedia》在論述生物化學家(Biochemist)的職業前景時，竟罕有地用上「少數族裔就業機會特佳」之評語(Vol.2,p.292)。此無他，華人科學家在北美數十年的默默耕耘，果實纍纍，老外幾無不見華裔而心喜。至於薪酬方面也不俗，博士畢業年薪約美金五萬五至九萬元之間。

《Encyclopedia》這一套書，在多市大型的圖書館會有，例如士嘉堡的愛靜閣公立圖書館。

經濟衰退，世局茫昧，祝君運好。

（2001-11-14）

息劫

銀行儲蓄利率狂跌，「息魔」喪膽。屈指一計，存款利率由年初的四、五厘，今天跌剩一厘，叫「息魔」何以度日？這趟看來不單要勒緊褲頭，且要積極參與「禁食」、「斷食」。若爲顏面，大可自稱———「減肥」。

既然「減肥」，館子不宜上得大多。無怪近日酒樓突見水靜鵝飛。往日靠一食千金的「息魔」捧場而生意興隆的，今日卻因利率一斬，未見成本減輕之小利，而先挨「息魔」給撵了回家「閉門思息」之巨害，苦未堪言。

「閉門思息」這一個「息」字，實存兩義：一爲休息之息，蓋乏錢自當少吃，熱量不足，沒大氣力出門走動，留家休養生息最自然不過；一乃嘆息之息，頗爲利息收入之驟減而嗟歎，來年食將有粥而無肉，還有什麼好興致出外酬酢的？

心情沉重。原意有屋有車慳慳地家用一年無過加元三、四萬，有他百萬放在銀行收五厘息，雖則稅高，亦足印印腳也。可冷不防一下子給劈了四厘，若非資財厚五百萬，恐都即時起了饔飧難繼之憂。人說靠積蓄靠「強積金」便可養老，就這麼一劍便給格林斯潘戳破了謊言。

食息夢滅。積穀防饑，果不及養兒防老。中國這舊思想，在今天殺息的恐怖環境下，不期有了發人深省的現代意義。積財千萬，未必可以活得過世；唯望兒女孝順，每日孝敬一百幾十，方真可以安享餘年。無怪唐代之前沒有錢莊的日子，孝，喊得最響。

易求無價寶，難得孝順兒。如何父慈子孝，今天已不純粹是個道德倫理的小問題，且是個家庭裏面一老一幼有沒有飯吃的大問題。老外那種「老竇養仔仔養仔」的「獨立」觀，大家倒真要好好的想一想。（2001-11-22）

新

今天是二零零二新年元旦翌日，新氣正旺，先祝看官們活得更好。

在亞洲，中國將會有新領導班子。「入世」之後，將呈現新政經格局。香港則仁愚的董建華必將新連任。在中東，新的以巴衝突將更血流成河。在北美洲，美國會發動新一輪「打恐」，復對中國進行新挑釁。咱加國安省則換新省長，教育和醫療別有新動作。多倫多市呢，唉，少不免又要加新地稅了。

今年新得來頗令人難安。是「爾（你）零零耳」還是「易零零易」，念起來都略欠吉祥。拼力拎來拎去，擰來擰去，結果恐怕還是最易得番個零。能夠抱擁「零」而不至於負數，已算運道好。

斯也不必大傷感，因爲人生本來就是這樣「爾零零耳」的。人的一切，輕易地從零開始，也輕易地轉瞬間便復化爲零。赤裸裸的從零而始，也赤裸裸的往零而終，這是生命的常律。

新，其實只是個零。它存在的軌跡亦必往另一個零而去，一開始便有了毀滅的傾向。所以，什麼新政策、新文化、新戰爭、新病毒、新精英、新人類……，經歷了整整一世紀，中國人也許都已有點聞新而色變。凡事物只要加上一個新字，都是壞東西的居多。願我新年 XX? 我准會因爲聽見這個新字而嚇了一驚。

新倒不必了，很多時還是以舊的更好。可不是麼，這年頭，人們是愈來愈好舊的。在樂壇 out 了多時的老餅「比知樂隊」，近年也忽地再紅了起來。「九一一」後，那首 “Staying alive” （活著）且播個家傳戶 曉。憑歌寄意，能夠活著，特別對今年五、六十歲經歷過新中國新之洗禮的中國「中坑」們來說，確已經是個很了不起的成就。

(2002-01-02)

「扑醒日」

聖誕翌日，洋俗爲「扑醒日」（Boxing Day）。曩者，人們會把舊衣物放在盒子裡，送往善堂，分派貧民。「扑醒日」，是個行善日。主耶穌降世替人贖罪，當頭棒喝（故曰「扑」），若人們還不覺悟（故曰「醒」），多行善事，又怎對得起釘死十架的主基督?

主人在「扑醒日」把錢物「醒」（送）給奴僕，固然是因爲在聖誕日給上帝扑醒了頭腦。剝削太多，天堂路絕。聽說，是日若捧個盒子挨門逐戶往富家去「化緣」，不一會必便滿載果物銀錢。若真，則Boxing Day於我大可譯之曰「缽行日」也（請用普通話念）。

剛過去的「缽行日」，國鍵一家人晨早便已出動。先往downtown伊頓中心某大百貨公司，果如所料，遊人未多。忙往賣品牌夾克的檔位一看，Oh，my God！其中有幾件二五折！數百元一件的夾克，今天百元有找。由於夠醒，一扑便中。「扑醒」兩字，即時添了種平到唔信的新意義。愈醒愈扑，愈扑愈醒，難得商家佬肯大劈價做「施主」，我當然要幫手成全他們啦。

不消一句鐘，手挽的幾個「缽子」全塞了個滿。一仆一碌，又得趕往「灣景商場」，目的地是那人頭湧湧、價錢狂減的大型服裝連鎖店……。

店主肯施，吾自樂受。雖話施比受有福，但受得多了，也難免有所不安。店主會否血本無歸呢? 看「扑醒日」人們爭搶割價貨，展示的固不單是人性中得便宜的莫名興奮，且也是基督精神的日被淡忘。聖誕夜由報平安而變爲搞狂歡，「扑醒日」由布施心化成貪得念，兩大節日，都由原來的精神修煉淪爲今日的物慾放縱，想必氣死上帝。

不過，中國人既視慳儉爲美德，趕去執平貨，慈悲的上帝又怎會惱怒喎！

(2002-01-03)

歸田忽覺乜都大

人世之大事小事，皆相對而言，實無絕對的大，亦無絕對的小。同一件事，今日可以爲大，明日由於環境不同心情相異，卻可以爲小。美國去年初以中國爲敵，「打中」是最大的事。「九一一」後，原來「打恐」才最大，「打中」即時變得微不足道。

事之或大或少，原不在事的本身，而在於環境，在於形勢，在於心情。

公事如此，私事亦然。發育時期曾因臉上一粒「青春豆」而生自殺念的，今天想來，不免失笑。香港人若國鍵者，移民加國前，天天爲生活搏殺，得閑死唔得閑病，感冒眼赤牙酸胃痛腰痠，盡小事一樁，沒好氣去料理。移民之後，閑得發慌，卻連小小的頭暈身熱，亦足擔心起來，忐忑不安。

昔日也，飲食微事，能肚飽便算。今天呢，菜裡多加了一粒鹽，也神經無端緇緊，話會影響健康折減人壽而大發牢騷。以前水喉失修水長漏乃濕濕碎耳，今則廁所地板偶爾發現來歷不明的一滴水，也足擾攘大半天，可謂神經質。小事當大事看，夫妻間就不免多了波瀾。

人，確實是不宜退休的。休了在家，可能很快就變成是「憂」。人說退休享清福去，豈知休了之後，心煩之事反特多。血壓、血糖、膽固醇，日日要睇住；水電煤和信用卡給亂計賬，月月要提防。這等小眉小眼的小事，未退休前是從未試過記掛心頭的。倒是人一退休，白髮便茂。正是「愁山萬迭，鬢絲千縷」，落得個天天對鏡愁白髮，退什麼休呢?

若想退休餘生少大事，最好令自己依舊天天忙碌去。因爲一忙就可忘卻許多煩惱，甚有大事化小、小事化無的養生奇效。中國老領導們死不下臺，永不言休，你可都明白了吧。

(2002-01-04)

讖語磨人

下月又到農曆新春，少不免爲要討個好兆頭，立意說盡吉祥話。因爲，害怕「一語成讖」的迷信心理，千年來已把思想幼稚的中國人，磨了個癲。

大年初一不慎砸爛隻碗，固足視爲來年「大鑊」的凶兆。是日親友來拜年，有年卅晚玩了個通宵的，口齒不靈結巴巴地向你吐了一句「祝你前途似咁」，剛失業的你，自不然會打了一個突，直如壽日有懶音者把「壽比南山」念成了「實死難生」。你表面上裝著不在乎，實則內心十分之火滾。

然則大年初一恭喜你「發財」，你便發財了麼？富貴由天，發不發財，可不由幾句陳腔俗套的話可以定奪。世上就只有中國人是這麼阿Q。

新春期間，連洋鬼子也摸准了咱們這種迷信心理，刻意地在你面前大說一聲Kung Hei Fat Choi，然後大家都笑到滾地。人們也許覺得奇怪，講句發財便快樂了？

老外過新年，只會互祝 Happy New Year 。因爲大家都知道，財不是說了便發。而世間也只有「快樂」，才人人可自掌握。只要能把人間的一切煩惱事都暫且放下，在新年假期狂歡幾天，不就是人生中難得的樂事了麼？

在中國，就明白了點事理的讀書人，對於毫無科學根據的讖語，也多是忐忑於懷的。洪邁《容齋隨筆》卷一記宋朝人「富貴中作不如意語，少壯時作衰病語，詩家往往以爲讖」。唐代的白居易可毫無顧忌，十八歲病時偏就作了首絕句：「久爲勞生事，不學攝生道；少年已多病，此身豈堪老？」結果卻活到七十五歲。

夭耶壽耶，貧耶富耶，老天爺決不會讓人們說句便算。天天嚷著「明天會更好」，亦作如是觀。

(2002-01-24)

馬

今天馬年大年初二，祝大家馬步紮穩。

馬之與人，關係密切。今雖汽車代馬，然而人生路上，大家還是馬個不停的。

國鍵稚時，已聽大人總愛在馬字上邊加個网（網），整天就顧著罵。稍長讀書，興趣奇多，可都走馬看花，學得奇少。於今了無專長，真個馬齒徒增。還幸當日得老天爺眷顧，馬馬虎虎的混進了大學，遇上牟潤孫、嚴耕望諸恩師伯樂，野馬之我，始悉學問來自孤清厄苦，終日吃喝玩樂者，該臨崖勒馬。

研究院還未畢業，竟幸得津中教席，忙走馬上任，開始誤人子弟。數十年間，大中小學，可堪告慰者，僅未嘗為升職而拍馬屁、唯「老細」之馬首是瞻，亦未曾在道理面前指鹿為馬、出賣人格做當權者的馬前卒。

儒學之道，貴乎心安。名利若取之不義，得之未必是福。國鍵昔有同事，頗具才華，可惜發達心切，馬失前蹄，幾乎鋃鐺繫獄。唉，做教書先生，能教好一班馬騮已是功德，又何必掩住良心，為錢財而「造馬」？

塞翁失馬，焉知非福。遠離權力鬥爭，靜了心神好讀書。多了幾個閑學位，移民竟便馬到功成了。來了加拿大，楓恬雪逸，續觀彼岸演火紅紅的馬戲。興起之時，又可亂發馬後炮。

年逾半白，自問此生對教育薄具汗馬，未算白活。惟見同儕加官晉爵，倒也證明了自己確生而駑馬。人謂老驥伏櫪，我今則是老馬無火。毛主席愛「快馬加鞭未下鞍」「萬馬戰猶酣」（《十六字令三首》），我卻伏祈天下從此安太平，就「息萬蹄」而讓馬兒投閒「空老」，總比戰火好得多。至若鄙文，仍望諸君子看了若動火，總大量寬宏，笑騎騎的，——放我一馬。

(2002-02-13)

此所以先敬羅衣後敬人

中國人傳統的那一種奴態度，不但表現於思想精神，還表現於階級社會的衣著制度。作爲奴而竟敢穿綾羅繡綺，戴珠寶金銀，是一種罪。之所以有罪，並非她們違了做人該樸實無華的生活態度，而是她們的錦衣鈿釵，對主子來說，實在是一種不敬和「僭越」。做下人便是做下人，穿什麼金絲珠玉來?

外表的衣著，顯示了一個人的身份。因此，中國人對於衣著服飾，就特別看得緊。窮鬼披了一件名貴的皮草，背後定必惹人話柄。這和路旁乞丐腕上竟帶了隻「勞力士」一樣，終有幾分莫名的罪惡感。

有罪，當然便要受罰。《魏書》卷二十一上，便記北魏高陽王元雍上表靈太后，奏請「王公以下賤妾」，若膽敢用「織成錦繡、金玉珠璣」，便要以「違旨」論罪；若奴婢穿「綾綺纈」，又或「以金銀爲釵帶」，一律「鞭一百」（並見元雍本傳）。衣著與下賤身份不相稱，後果當然是屁股開花。

作爲「賤妾奴婢」，珠寶錦繡，憑什麼資格去穿? 要穿，就穿「布服」好了。棉呀、褐呀、麻呀、「朱二盛」呀，全都可以。只有貂裘寶石這類貴重的東西，偏就是不許用，用了只會自招其辱。

在中國三千年奴文化下，衣著服飾，已牢牢的成了界定主奴身份的主要憑藉。能夠穿得好，不單聊遮外醜，且也內得一種主子架勢和睇人唔起的滿足感。年輕貌美而甘心給有錢佬包起做「二奶」，穿起法國Yves Saint Lourent特地爲她縫做的時服，精神上確大有飛上枝頭的奮亢。然而，她也許不知道，在中國歷史上，工商巨賈及其賤妾，若衣食過於豪華而踰制「上僭」，一樣可招殺頭。

(2002-02-21)

輸得唔抵

日間剛發完噏風，說中國人先敬羅衣後敬人，晚上看美國鹽湖城冬季奧運「花式滑冰雙人賽」，中國選手申雪、趙宏博這一雙，據旁白員說，就服裝費已是加幣二萬多元，折合人民幣逾十萬元，令人咋舌。

十萬元的兩套滑冰衣，看去沒鑲鑽石，沒嵌黃金 ，值不值得，大概又是「見仁見智」。然而，溜冰比賽是鬥技術、比優美，而非鬥服裝費貴。刻意地一擲千金，換來的只會是暴發揮霍的淺薄相，徒引天下觀笑。除了令申趙兩人增添壓力外，對奪取獎牌，實在毫無幫助。這一大筆錢，花得實在冤。若留起來替中國窮鄉多蓋幾所學校，相信更有意義。

咱加拿大呢，莎莉(Jamie Sale) 和伯士理(David Pelletier)，穿的只是平平實實的灰黑，樸實無華，很能代表加拿大人的踏實。衣著雖不顯眼，但他們的表現，卻是當晚最完美無瑕最光芒四射的一隊，觀眾爲之讚嘆不絕。

可惜的是，加隊技術就怎的天衣無縫，就怎的乾淨俐落，看在中國評判的眼裡，總不及衣裳金光閃閃、技術卻是連番失誤的俄羅斯。加隊最初被評輸個馬鼻，全場嘩然。評判之中，俄羅斯、波蘭、烏克蘭偏幫自己友，固無話可說。法國據傳懷疑與俄羅斯有檯底交易，仍有待調查。只有中國評判打的分數，才最令人摸不著頭腦。除了因爲中國人那先敬羅衣後敬人的古怪心理作祟之外，實在想不到別的好理由。

中國選手賽後祇得季軍，也證明了十萬元的滑冰衣，對於爭取金牌並無幫助。在技術上能否完成「四周拋跳」，才是成敗所在。西方民眾教育水平高，沒有東方人的主奴衣著觀。他們重視的，是人的品格和技能，而絕不會僅憑你外穿一件金縷玉衣，就急忙跪下三呼萬歲。

(2002-02-22)

寧王的啓示

明太祖朱元璋的十七子寧王朱權（1378-1448），是明初鎮守北疆的王胄。領兵八萬，革車六千，駐守大寧，以防範蒙古人捲土重來，兼制高麗人的蠢蠢欲動。

太祖薨，惠帝（朱允炆）繼位。二十多歲的寧王和他的四哥燕王朱棣皆有謀反意。「靖難之變」，燕王登基而爲明成祖，改元「永樂」。永樂元年（1403）二月，寧王自北方遷居南昌，活到七十歲。

在血腥的兄弟帝位爭奪戰中敗陣，而竟能安安樂樂的多享四十五載的天年，在中國歷史上，確是異數。唐代「玄武門之變」，兄弟爭位相殘，唐高祖李淵的三個兒子，太子建成、二子李世民、四子元吉，一下子就死了兩個。

那寧王又憑啥保命呢？據吾師何丙郁教授的研究，全憑他採了兩種方法：一是在政治上「明哲保身」，稍有風吹草動，便「急流勇退」；二是「研究醫藥學和煉丹術，藉以治病延年」（《寧王朱權及其庚辛玉冊》，香港大學，一九八三，頁二四）。

「明哲保身」，今日在中國仍是至理。大眾都甚明白，唔想西歸，最好做龜，龜是最長壽的。至於煉丹和人壽的關係，從中國人吃仙丹而吃死的歷史看，仙丹其實只會減壽。能延年益壽，大概不是煉來煉去煉不成的不死丹藥，而是道教背後看破凡塵的恬淡的人生態度。

寧王寫《沖漠子獨步大羅天》雜劇，內曰：「盼功名，恰便似投河般奔井。趨富貴，若飲鴆吞羹。……　　爲利名若蛾撲燈。人心毒似蛇蠍性，人情狡似豺狼幸。……爭如我片雲孤鶴九霄間，抵多少閑騎寶馬敲金燈。」（仝上，頁七）名名利利，損折人壽。做片雲孤鶴，遠離狼蠍是非地，命都長啲啦！

(2002-03-01)

買魚瑣記

國鍵嗜吃海鮮，無魚不歡。三年前在多市華登路與羅倫斯東路交界的東南一隅，找得一間專賣海鮮的魚店，從此就成了常客。

魚店老闆希臘人，夥計大多希臘裔。動手宰魚的，是兩個南亞裔人，一個叫「侯賽因」。初乍聽之，倒給他的大名唬了一跳。

希臘人健談，溫文友善。滿店子笑容，令人有賓至如歸的溫暖感覺。經常幫內子挑選鮮魚的，是位希臘裔老移民大嬸。據她說，明年可退休了。在加拿大住了幾十年，養兒育女，但始終忘不掉希臘。晚年願在愛琴海小島水畔蓋所小房子，扁舟綠波，落日霞暉，老夫老妻，地久天長。唉，人情眷戀故土，固不獨咱中國人而然也。

付過魚錢，站在一旁，等候魚兒逐一給打鱗開肚除腸。宰魚部的主管也是個希臘人，外表看似嚴肅，實則也甚熱情。一聊起天來，便知他肚子裡原來也滿是墨水。魚店代理希臘土產橄欖油（Olive Oil）的品質如何，希臘國名Ellada，古爲Ellas，其希臘語E字該怎發音，llas應何讀法，都娓娓道來。而一道在等候的客人，也總會加插幾句湊熱鬧。買魚而可以增長知識，相當過癮。

古希臘是歐洲文明的發源地，文學、藝術、哲學和自然科學均有極高的成就。在希臘文化之下培育出來的人，果然大都是文質彬彬，很有教養。咱中國亦文明古國，亦東亞文明的發祥地，文史哲藝術科學亦古之第一流。但今天由中國文化培養出來的，卻大多是香港街市的「賣魚勝」。粗聲粗氣，缺乏修養，動不動就喊著去揍人。兩者同是幾千年文化的窮途大國，而國民質素今卻差異如此，思之不覺慨然。

(2002-03-06)

多情自古傷離別

國鍵平生，最怕應酬式的飲宴。傷神費時之外，萬一失言而無意得罪了他人，是非橫降，又添一孽。若爲那送別而設的，則散席後那種相見無期的孤清感覺，又不易抵。謙會的主角配角，實都成了灞橋傷別的受害人，在情感上各添一債，何苦呢?

雖話「歡送」，實則彼此徒增感嘆。被「歡送」的，悲痛恐且更深: 移民加澳，自此天涯海角，孤雁飄零，怎說也歡不起來。吃時心情頗如臨赴刑場之最後晚餐，山珍海錯，食將何味?

「食多啲喇，加拿大冇咁多好嘢食個喎。」「有得玩就玩多啲喇，加拿大冇嘢玩個喎。」十五年前，國鍵也是如此這般的給親友們勸酒勸玩勸食。移民道看似陰司路，上路前你定要盡飲痛吃一番，算是不枉人世。

吃時，你恐怕也是暗自和淚而吞，敵不過宴罷便天涯相隔之惆悵。正如北宋徐昌圖那一闋《臨江仙・飲散離亭》:「飲散離亭西去，浮生長恨飄蓬，回頭煙柳漸重重。淡雲孤雁遠，寒日暮天紅。今夜畫船何處? 潮平淮月朦朧。酒醒人靜奈愁濃。殘燈孤枕夢，輕浪五更風。」

酒過三巡，想起自己也將客子孤身，筵散便即離港之時，浮生從此恨飄蓬，空餘淒雪寒風，殘楓孤枕，酒醒愁更濃。何歡之有?

是知大家當夕之所謂「歡」，都是勉強裝出來的。如此謙會，不覺得有點無謂麼? 人生聚散了無常，又何苦爲自已的來去而驚動親友?

若真想暢暢快快地聚一聚首，就胡亂找個諸如「今天天氣好」又或「老子近日心情佳」的理由便是。這才真地漫無目的毫無拘束去吃個痛快，談個嘻哈。至於離離散散，可不必了吧?

(2002-03-14)

只怪自己太樂觀

有人認爲，凡事宜從好處想，做人自可快樂些。國鍵年輕時，也經常如此的教導學生：做人最緊要樂觀，人一樂觀，就有了希望。——祇要有恆心，鐵杵磨成針。

年紀大了，想法卻又不同。鐵杵磨成了針又怎樣？到頭來總還是得針無所用，白歡喜一場。以前的樂觀，今知原來頗盲目；昔日的希望，現證多屬想當然。都幼稚得很。

世間那「想當然的好」，十居其九總以失望而告終。只有那「想當然的壞」——例如六十過後不糖尿便血壓之類，才會十之八九不會令人失望。烏鴉口說得最准，不因爲語出烏鴉，而因世間成好事的實在太少。悲觀的預測，命中率往往要比樂觀的高許多。

移民來加國的華人，大概都嘗過從一腔熱忱瞬即墮往滿懷失望的「新生活適應期」。未動身移民之前，對加拿大每多抱有夢想，寄了希望。在洋鬼子的社會生活呀，會是怎樣怎樣的一視同仁、搵食容易；咱們的下一代，又會是如何如何的富有希望。只要你英文好一點，生活西化一點，「主流」「支流」，不該是個問題吧。

住落幾年，不難發現，一切只屬閣下樂觀自想的當然，是單方自織的善望。現實是，洋社會骨子裏的歧視，在厚脂濃粉的美膚下包個密實。任你英文怎了得，任你學識怎超群，你頂多也只配做個中層。華裔優秀的子弟，算是習醫研法搞工程，結果也還是以打華人公司的工，又或跑出來「自僱」的居多。洋公司CEO？大學校長？大法官？掌實權的部長議員？…，你會有份兒麼？

這年頭，做個遠離希望的中國人，相信會活得較快樂。搞「希望工程」？噢，No!

(2002-04-05)

世界本就醜如此

剛奪得今年奧斯卡「最佳動畫」大奬的電影《史力加》（Shrek），確是一部老少咸宜不可多得的卡通片。之所以不可多得，不因它畫功了得，而是它故事的內容，如實地反映了成年人的醜世界，打破了以往卡通片一貫哄騙小孩子的不良習慣。

史力加雖則相貌奇醜，人見人怕，但他心地善良，很有鐘樓駝俠的風範。這一種人不可以貌相的觀點，當然並不新奇。新奇的是，《史力加》的編劇嘗試反過來說，童話中很多看似美麗的事物，其實都係作假。

史力加奉命前往拯救的那位受困古堡的睡公主菲亞娜（Fiona），哈哈，原來她昏睡不醒是假裝的，目的祇想誘個白馬王子來，獵愛以詐。求得如意郎君乃女之常情，當然不算心術壞。壞只壞在，美麗的菲亞娜每到夜晚，便會變成個倒人胃口的醜八戒。

晝美夜醜，是巫婆下的咒。破咒之法，唯賴白馬王子情深的一吻。觀眾讀過童話的，大都期望白馬王子快出現，好替菲亞娜解咒。劇情發展應該屬童話的一貫方式：史力加原來是個俊俏的王子，他愛上公主菲亞娜而情不自禁惜她一下，從此便神仙眷侶，大團圓結局。

豈知故事收場，極出人意表。史力加日間確擁吻了公主，破了魔咒，但閃爍星光過後，他沒變作俊男，反之公主卻由天仙貌回復真身爲樣醜。她底美貌，倒反是巫咒之所賜！

美麗公主配俊王子，是童話式的天作之合。公主貌寢，郎相不揚，湊成一對醜男女，卻才是現實佳偶天成之慣常。化醜爲美，是童話的謊言。加拿大版《時代週刊》譽此片曰「成熟」（“Mature”）（Apr . 1, 02, p . 52），原因信亦在此。

(2002-04-17)

亂?

今日的小孩子，寵溺過甚，在日常生活上，未必都有照料自己的習慣。父母往往須兼當替子女執拾書房睡房的菲傭。

滿地滿架亂放的衫褲、書報、玩具、光碟，你看了准會頭痛。進其房間，猶如置身地震重災區，似足紐約「九一一」的滿目瘡痍。

你天天嘮叨他要好好打理自己的房間麼？哈哈！他總會給你一大堆的理由。一九七四年，著名的物學家Mithell Feigenhaum，不就提出了「混亂（Chao）自有其序（order）」的大道理麼？科學界今已證其顛撲不破，「混亂」確屬「整齊有序」，若據此而怪他沒好好把房間弄個「井井有條」，又怎站得住腳?

對呀，大自然裡面，就怎的亂，也是逃不過「整齊」這一大規律的。加國入冬，寒夜淒雨亂打後，窗子原沾滿散亂不堪的雨水點，在晨曦白茫茫的絮雪托襯下，也總會綻成朵朵晶瑩通透的冰花兒，一叢叢靜靜的偎掛在玻璃之上，且必意料之外的都展現了一種有規有則的整列之美。天地之間，果似沒有「亂」這一回事。

中國人其實早就懂得這混亂之中自見其美的道理。唐代王洽寫山水畫，因此便用了「潑墨」（沈子丞《歷代論畫名著彙編》，文物出版社，八二年，頁二八）。把墨往宣紙亂潑而成畫，從此成了千年文人破墨山水常見的技法。

近代大師如張大千、傅抱石等，都有潑墨成趣的大作。隨手翻一本上海人民美術出版社編的《藝苑掇英》（七八年，一期），裡面便是一幀清代石濤潑得亂七八糟的《潑墨山水卷》。你說他畫得亂？不不不，看去是挺齊整的哩！

兒女房間被鋪衣物亂得一團糟的劫後奇景，也極可能是後現代超抽象的實體擺設藝術，你切要懂得——欣賞。

(2002-05-02)

天地無情

天若有情天亦老。天地，本都是無情的。有生必有死，此生看似有情，卻又必以無情之死而終。結果還是，看似有情實無情。夫情之爲物，不外是生命間瞬刻的露珠，太陽一出，未及閃耀便即夭逝。

人間的親情、師情、愛情、友情，一切的情，總隨生命的結束而折斷。陰陽兩隔，相見無期，情就難以恆久維繫下去。款款深情，終究是無情生命中的一塊小烙印，一道小痕跡。雖或曾刻骨銘心，但人一去，它就必沿歲月的流洗而日漸褪色，而日漸模糊，而終必給扔個一乾二淨。且最後也必連同自己的大去，一併在宇宙間消失得無蹤無影。古人今人能留下的，全不外唏嘘兩字。

撫今追昔? 瞬間的感觸未必長久，大抵都唏嘘過後便算。猶同電影畫面，盡是夢工場的虛幻之物。散場之後，一切泡影。影院裡面迴蕩的所謂感情，就怎的三日繞梁，也不外只是三日。

深厚的師生情誼，當也無法逃脫終歸煙滅的宿命。離港不過六年吧了，而恩師嚴耕望教授、全漢昇教授，先後各歸道山。遠在多城的我，也只能遙致寡情的哀悼，爲未能盡弟子禮而愧歉於懷。生死兩茫，音信永絕，未知年邁的嚴師母身體安康否。沒有嚴師在身旁，教她日子怎樣過?

今天讀報，吾友馬國權先生也仙游了。他留下未完成的工作想必一大堆。倒再說明，天地有情實無情之說不妄。做學問工夫的人，最怕就是身後遺下一大堆資料和未殺青的文稿。而天呢，卻又總愛召你去時你便去，向來不會預先關照一聲，好讓你有點準備。

既是無情，就把世間一切情都還諸天地吧；既是難作預備，就把一切預備都交給天父吧。是謂——解脫。

(2002-05-08)

忌六氣

清代雍正年間，鄒一桂寫了一本書，叫做《小山畫譜》（載沈子丞編，《歷代論畫名著彙編》，北京文物出版社，八二年，頁四二八至四七一），意見多多，甚宜一讀。

書中談及繪畫最忌六氣。六氣也者，「俗氣」、「匠氣」、「火氣」、「草氣」、「閨閣氣」、「蹴黑氣」是也。

「俗氣」、「匠氣」，近人論之甚多，在此再講便俗。只是「鋒芒太露」的「火氣」、「草率過甚」的「草氣」、「全無骨力」的「閨閣氣」和「無知妄作」的「蹴黑氣」（頁四五四），卻未必人都留意。

一幀上好的書畫，除了要高雅而不「行貨」（匠氣）外，還要氣韻內斂而厚重，佈局嚴謹而流暢，骨法強實而健朗。寫出來的，要合理有據，不能在寒梅之上寫蜜蜂，否則便是無知妄作，是「惡不可耐」。

寫字畫而犯此六忌，當然成不了上品。寫文章又何獨不然? 文章所流露出來的個人風格，或清或濁，多少反映出個人的天賦品質，和他在後天培養出來的思想和志趣。

唯憾吾之本性乃上天硬賜，自己未必控制得了。而文章如專欄者天天趕交，就高人恐亦難逃一「匠」。至若「火氣」一項，國鍵自知修養差，很多時火氣過猛，燒傷別人而不自覺。集此「俗匠火」，鄙作實已難攀大雅堂。

還幸，國鍵爲文向來小心翼翼，東求西搜，該沒太大的「草氣」。且又常不自量力，睇唔過眼便執言，大概還未至於沒了「骨氣」。

無知而「妄作」，也只因無知。殊不及爲一己之私利而不惜知而作僞，僞造證據，此不但「惡不可耐」，更且鄙劣無恥。

(2002-05-09)

請都來加拿大吧

報載，拿工作簽証在美國打工的華人，害怕「九一一」兼科技泡爆後未易續期居美，多打算申請前來加拿大。可真歡迎之至。多個華人多張選票，人多好辦事，老毛說得對。

況且，若與咱加國相比，美國人情不算好，長呆在那裡未必有著數。莫以爲美國是天堂、加國是地獄，若從少數民族看，在極其資本主義的美國生活，就「醫療保險」已是難攀的危山。生活的環境和氣氛呢，也總是格格不入。殊不及這邊多倫多和溫哥華，大有身處胡邦活在漢的百分百中國感覺。

做人，最緊要活得意爽。所謂意爽，在國鍵而言，也不外閑日「一盅兩件」睇中文報，病時往見大夫通華語，中文電視任君看。就老眼昏花了，還有中文電臺風趣的 DJ 們笑語家常。既擁加國的藍天碧水、清甜空氣，又有香港一切的怡趣口福、耳樂目娛，謂之神仙恐不爲過。

美國呢？情況較好的三藩市，唯恨沒有自己看慣的報紙賣。餘者若聖路易市之類，唐餐館小菜點心，水準僅及二流。長年呆在花旗國吃炸薯條，看自己唔多懂的番鬼電視節目，非自虐者何？

如果說移民生活是「坐牢」的話，那加拿大的牢，充其量也只算是香港喜靈洲戒毒中心開放式的那一種，你還能安暇作樂。美國的呢，卻大多是屬於秦城監獄了。給關在裏面的，沒好吃也沒好看，時刻擔心歹人持槍在暗裡偷襲。放監出來，不瘦骨嶙峋、毛髮斑白，便神經衰弱、有病缺醫。

美國親友常勸我搬往他們那裡去，哈哈，真個開玩笑，我反勸他們快快搬來多倫多呢。大家拗足十多年了，結果，他們還舊發他們的美國夢，我則雖有「綠卡」而決留在多城享我的清閑福。年紀大了，唔捱得啦。

(2002-05-10)

放下，自在

國鍵年少時，讀了幾本書，便自以爲很有學識，與人辯事論理，恆以折服他人而後快，否則心裡不舒服。

這種年少逞強的好勝心，今天想來也可笑。天下間那有我必是、人必非之理？視力有限，看的必非全豹。我看之以爲對，他人可視之以爲非。年紀愈長閱歷漸多，始豁然省悟——世事無絕對。自己的小小意見，能有三數同道點頭已甚不易。要天下人都同意？除非日出西山啦。

昔日之硬要拗贏，死要認叻，未免太孩子氣。在生活上稍有體會的人，大都學會謙虛，知道自己的見解，不外是種種想法的其中一種，且不一定正確。這幾年國鍵到處發謬論，抱的也只是個發乎真心，知無不言而已。至於別人聽取與否，倒是微不上心的。

在小框框賣文弄墨，也自有了給人點評的準備。除了涉及人身攻擊和道德毀謗之外，其他一切的有理冇理，一樣甘之如飴。何況那專捉錯字錯詞的專家，在中國人的社會裡面特別多。東漢以來，中國人喜愛一字一詞的「訓詁」、「考據」，多過動腦子思考大道理。二千年的封建積染，大家也習慣了用凸鏡看小事，用凹鏡看大事。

就字詞沒有寫錯，可挑剔的地方仍甚多。詞壇泰斗蘇東坡的作品，一給紀曉嵐「評點」，便發現了「不成句法」啦，「腐」啦，「滑」啦，「鄙俚」啦，「粗獷」啦……（玉谷《蘇詩紀評雜談》，載《藝林叢錄》六編，香港商務，六六年，頁一零七至一一四）。瑕病處處，真係吾不欲觀之矣。

通曉佛理、活了六十多歲的蘇東坡若泉下有知，可一定不會生氣。因爲，俚耶獷耶，大家各有準繩。何況是「此言雖鄙淺，故自有深趣」？

給個別人士批評一下就生蝦跳，把道德標準奇高的所謂投訴都一一放在心上，只會苦了自己。

（2002-06-20）

垃圾

多城近日最熱門的話題，莫如「垃圾」。自從清理垃圾的工人大罷工後，就出現了垃圾堆積如山的末世景觀。炎炎烈日，臭氣熏天，也造就了蛇蟲鼠蟻的「嘉年華」。

製造垃圾的是人，清理垃圾的也是人。是以說來說去，恐怕都是人的問題。據說，人的問題基本上可以用金錢來解決。所以罷工的背後，看來便是個錢的問題。

一談到錢，情況就必然複雜。誰付了錢？誰收了錢？誰該出錢？誰該收多少錢？本已糾纏難計。況且一牽涉到「計數」，那就更讓人頭大。就計好條數，只要將數目字搬來搬去，竟隨時又有了把垃圾化爲神奇，又或反過來把神奇化爲垃圾的大效。保險箱裡面的股票和債劵，去年是如此這般的化了神奇，今天卻也如此這般地成了垃圾。愈計，可愈糊塗了。

所以，近來垃圾堆積如山的不單是垃圾收集站，還會是各大銀行的保險庫。

若想深一層，則多城的垃圾爭拗和北美股票市場的垃圾化，倒也不一定是萬惡錢爲首，也不一定必是個數目字的問題。歸根究柢，最終還是人自己要負上全責：大家都貪得無饜，有風駛盡 ；大家都制住對方死穴，罔顧社會整體利益，——財迷心竅。

由財迷心竅而來的東西，最終都必會成爲垃圾。是以儒家教人立功、立德、立言，可沒有教人「立財」的。說來雖或陳調，卻是今日爲財而瘋的一帖清涼劑。

人生在世，任憑他家財億萬，這一大堆錢財上的數目字，只要兩腳一伸，對他便成了毫無意義的垃圾。

天主教叫人不要在地上爲自己積蓄財寶，而該在天上爲自己積蓄財寶（《聖經》瑪竇福音，六章十九節。基督教譯作馬太福音），就是勸人不要在有生之年，只拚命地爲自己堆積垃圾。

(2002-07-26)

我是誰？

末學國鍵，今竟膽敢在名士如雲的《星加情》舞文弄墨，讀者陌生，不免稱奇：你係乜誰？

問得好。「我是誰」這個大問題，國鍵問了自己幾十年，愧猶未得答案。

據傳聞，清朝順治帝福臨在五台山出家做和尚，曾在寺壁題詩曰：「未曾生我誰是我，生我之日我是誰？長大成人方知我，合眼朦朧又是誰？」

連享有大名的中國皇帝也搞不清楚的問題，今日叫陋儒國鍵去答，必然是開玩笑者居多。當然，在中國做皇帝的，見識多我萬倍，還能知道「長大成人方知我」。我呢？做了幾十年人啦，除了知道自己潘姓字國鍵之外，餘皆朦朧。

所以，Who are you 這個問題，可未必人人有能力回答。除非是天主上帝，你若一問，祂必會給你一個圓滿的答案：I am who I am（ 我是自有者)。

至於凡人，「從何而來，往何而往」這類「誰」的問題若執著太深，對精神健康未必有益。

學佛之人或曰：從所來而來，往所往而往。個中自有禪機，祇恨國鍵了無慧根，仍舊牛皮燈籠。

還幸在加拿大生活十年，風吹雪打，竟學會了忘我，學會了前塵莫記。唉，花髮早生，中年失憶，我已非我。還望諸君莫問則個。

(03-02-10)

絕唱

今年「格林美音樂頒獎禮」，大會特別頒了個大獎給鍥氏（Gibbs）三兄弟組成的「比知樂隊（Bee Gees）」。頒獎台上，大哥巴利（Barry Gibbs），爲了紀念剛去世的隊員二弟莫理斯（Maurice Gibbs），含淚把獎座交給莫的兒子，場面感人。

人生無常，莫理斯好端端的型男一個，才五十多歲，祇不過夜間突然腸臟有了點小毛病，可萬料不到，在美國邁亞米的急症室裏面，等足八小時多，失救致死。余家最鍾愛的比知一九九七年《祇此一夜》（One Night Only），一夜間竟也成了絕唱。

年過五十比知擁躉如我，心情不免激盪。嗚呼！生命之無可測摸，其極竟至於斯耶？

人們不是說美國醫療制度好的麼？何解樂壇尊者若莫理斯，擲了巨款買療保，還不是同樣熬不過急症室裏的漫漫長候，死得十分冤枉？

看官也許不知道，在美國醫療私營、保險付費的制度之下，大部份手術，事前需經保險公司的核准。沒有公司同意而私自動刀，醫院和醫生便得自啃爛帳。文件往來，那些可做，那些不准做，保險公司和醫院各自各計數，在在需時。患什麼病都可即時獲醫？你信？

莫理斯的枉死邁城，對那些嚮往美式醫療制度、並認其必可解加國今日之困的右派人士來說，未知有啓示否？

(03-03-10)

闊佬炒飯

去年初秋，往唐人街中國美術館，觀賞勞允澍先生夫人國畫展覽會。展會由名伶林家聲先生等人主持剪綵，亦一時之盛。

會後路經登打士街某大酒店，裡有貴價高級中式菜館，一家入內稍歇。畫了點心，復點了一道「闊佬炒飯」。炒飯牌價十八塊，雖果略貴，唯吃了卻也大感滿足，用料和炒功，水準一流，倒是物有所值。

夫「闊佬炒飯」者，乃瑤柱、蛋白炒飯也。瑤柱乃貴價海味，自不待說。然何以蛋白亦稱珍饈，可百思未得其解。

國鍵每天早餐吃蛋白兩隻，亦即每天扔掉蛋黃兩個。醫生責我暴殄天物。唯暗思蛋黃乃廉價之物，扔了比體內積聚壞膽固醇好。是以醫生言者惇惇，國鍵總係聽者藐藐，照扔如儀。

是知「闊佬炒飯」用蛋白來炒，其所以稱曰「闊」，自然不在蛋白，而在於其深層意義的暴殄蛋黃。在貧富懸殊的社會，若不瘋狂地糟蹋物質，又何以顯彰大爺們之夠闊？不吃過一道由千百片魚唇炒成的小菜，又何以說明大爺有格、浪費得起？

結帳之際，突見幾位太太小姐，簇擁著林家聲先生，擦肩而過。林前輩梨園泰斗，難得再遇。內子爲之精神一振，竟也忘了付錢時之微覺牙痛；也淡了那寒門國鍵，在此充闊的罪咎感。

(03-03-14)

談「六」

《九九歌》，二三如六。「六六六」，在西人來說，乃魔鬼的代號。

在中國呢？可又大不同。《易經》陰爻稱「六」。又《易繫辭上》第九章云：「天一地二，天三地四，天五地六，天七地八，天九地十。」二四六八都是「地」數（陳襄民注譯，《易經》，中州古籍，九三年，頁二四三），絕非邪惡。是以閣下若翻開《辭海》，以「六」爲詞的，計六大版頁。中國人，很歡迎「六」。

西方人看了大蹙眉頭的「六」，中國人卻是珍之寶之的。正道三三不盡、六六無窮。車牌僥幸掛了個「六」，不但有了無窮的大好兆頭，兼且「六」「祿」同聲合韻，也暗自有了余也富貴的莫名其妙的興奮。那嚮往發大財的有志之士，「一六八」也就必唸成「一路發」了。一路駕車一路發，——爽！

凡夫俗子，固然愛「六」，自道高雅的讀書人，修的何嘗不是「禮、樂、射、御、書、數」的「六藝」？期待的何嘗不是「君義、臣行、父慈、子孝、兄愛、弟敬」的「六順」？實也是無「六」而不歡的。

二三如六，「六」本美事。雖則黃土地上，紅塵擾擾，妖邪囂囂，卻全逃不出佛家「夢、幻、泡、影、露、電」（《金剛經》分第三十二。拙按：分是章的意思，即分章也）的「六如」，倒不如慳番啖氣，還我六根清淨，暇時唸多幾句，——阿彌陀佛。

(03-03-17)

說「七」

洋人愛「七」，因爲「七」含圓滿美義。

據《聖經·創世紀》，天主（上帝）用了六天時間創造天地萬物。到了第七天，祂停了所有工程，並祝福此日爲「聖日」（2：1—3）。爲了感恩，基督徒莫不在聖日上教堂，謂之「安息日」。

「七」，在洋人心目中，自然添了一種喜悅和感恩的特殊意義。是以汽水有「七喜」、童話有「七個小矮人」、彩票有「數霸七」（Super Seven）……。西人車牌門牌有「七」者是否特別搶手，猶如吾族之好「八」，實又不得而知也。

佛家子有「七寶」，救人一命，亦勝造「七級浮屠（塔）」。中國人對於「七」，不無好感。可惜人死以「七」爲忌，由「頭七」到「七七」，俱屬喪事。爲了迴避這不吉的意頭，上館子吃飯，甚少人會點七道菜。

至如古代婦道人家，亦多聞「七」而破膽。夫家無情，一紮個什麼「無子」「妒忌」等「七出之條」，從此便成棄婦。勿道「七」字不驚魂。

所以，七步雖可成詩，卻嫌略帶不祥。曹植若能把七步拖爲八、九步走，甚或沒吟出詩來，他的命運，可能改寫。

難怪吾粵「七」音最不易唸，尤其在前面加了個「乜」。

(03-03-24)

沒有愛心，何來形象？

孟子曰：「人皆有不忍人之心。」不忍人之心者，愛心也。

人，皆有一顆愛心。孟子說，人們看見小孩子將墮於井，必無條件即時伸手援救，證明不忍人死的愛心，人俱有之。此正佛家所指，救人一命，勝造七級浮屠。亦天主教義，「信望愛」三者，以愛為最大也。

人若沒了愛心，就與禽獸無異，甚或禽獸不如。個人疑染了致命的「非典型肺炎」病毒而自動隔離，避免病毒傳播他人，這見愛心的表現；醫療及研究人員拼了自己的性命去救人、去追查病源，這是愛心的表現；把自己患病的經歷公之於世，望別人能逃過厄劫，這也是愛心的表現。所以，在大災疫爆發之時，一個人又或一個族群之是否有愛心，往往便盡露無遺。

近日多城逛街，間與老番相遇，偶亦有望見你黃皮膚而為之一怔、退避三舍的。唉，倒不一定是種族歧視哩。原因？大家心照啦。

新病毒出現，謂之天災。為了「形象」而導使病毒加速擴散，殃及全球，謂之人禍。「非典型肺炎」的人禍既從東方，國鍵在老番跟前，不期泛了半絲愧歉。復見安省保守黨資深內閣部長伯特（John Baird），公然拿「肺炎」和「亞洲之旅」來開玩笑，頗為華裔居加前景，多添一縷寒意。

(03-04-07)

忍？

星雲大師說法，教導我們凡事要忍，聽了如沐春風，心安性靜。

檢《金剛經》分第二八：「知一切法無我，得成於忍。」是知若想「無我」，須先練「忍」。正所謂時時忍、事事忍，逆來順受，堅持耐久，直到忍而忘忍，便臻「無我」；忍耐到連忍也忘掉，便即佛境。

其實，人世虛幻，一切空無，又何來事物來忍？意清氣淨，一念不生，又何來塵心去忍？虛無斷了人間事，自無所謂忍，無所謂不忍。

然而，凡夫國鍵，塵緣難斷。一己之榮辱，一我之得失，祇要不涉毀謗，或可笑罵由人，多點練忍。至如那大是大非，那人類福祉呢，卻教我如何去忍？一忍，豈非就成了不義之人？

之所以不能忍，未必因我無佛性，而是別有良心。此天主教之所謂「靈魂」，宋明儒學之所謂「天理」。人之所以爲人，異別於禽獸，皆因有個靈魂聖神，有個天理良知，斯《孟子》卷二所載，「人皆有不忍人之心」也。

既有不忍人之心，對於天下不義事，自不能忍。薩達姆殘暴，固要口誅；小布殊嗜戰，當亦筆伐。私務，可以談佛；公益，必須論儒。佛祖慈悲，當不責我。

(03-04-11)

這個年頭特別「跣」

人間禍事，恆脫不掉「跣」這一個字。姑無論是天跣人還是人跣人，總而言之，閻王要你三更跣，誰敢扶人到五更。

美國人給「笨拉登」（Bin Laden ）跣，復又再給傻兮兮的共和黨總統「阻治布殊」（George Bush）跣；美國佬出兵征討薩達姆了，土耳其卻突然拒絕借境，給跣多一趟。凡此種種，國鍵倒還可作壁上觀，未及埋身。豈知多城四月艷陽天，忽殺來了一場大冰暴。晨早沒穿冬靴，一出門就著了階前厚滑冰璃的道兒，摔了一交。痛！

是自己不小心而給老天爺跣，倒也無話可說。問題是，正因太小心而選擇移民加國，卻仍逃不出由東方而來的絕招而跣至人仰馬翻，則未免心有不甘。雖則有人會說，中國人就怎逃避哩，也逃不出中國人底宿命。認命了？

太平洋遠隔，可莫道事不關己。原來，祇要對岸大爺們使個四兩撥千斤，輕輕把「沙事」（SARS）說成是沙微之事，海內外的華人，就無不給這幼沙跣至返魂乏力。

跣功大家有份兒練。倒還是咱多市衛生官有識見，勸大家莫怨華裔。誰教安省醫院警覺性低，沒依足防跣措施，冷不防給據稱發自佛山的一記沙氏「佛山無影腳」掃個正著，仆穿肺兒。慘！

(03-04-14)

悼吳家望師兄賢儷

四月十五日，乃國鍵殘生之中，別一最覺傷痛的日子。是日下午，安省衛生廳「肺炎」新聞發佈會，透露多市某天主教團體已受 SARS 病毒侵襲。黃昏，竟又傳來噩耗，信奉天主教的吳家望師兄和孫經文師姐賢夫婦，在香港沙田寓所遇害。晴天兩度霹靂。對於國鍵這個準教徒來說，打擊甚大。

吳兄孫姐，乃新亞歷史系高我一屆的同學。孫姐父親孫國棟教授，是我班班主任。大家選科時有相同，在推動系會各種會務和活動之中，又經常碰頭。雖則言談較少，交情卻深。新亞在錢穆夫子儒道精神的熏染下，同學謙謙君子多。吳兄之謙和，孫姐之文德，大抵也是系中無人不知。如此善人，俱不永壽，雖曰天主自有安排，然「信德」幼嫩的我，又怎經得起如此考驗？

回想千禧年時，多市「中華青少年學藝比賽」創辦人劉馮燕珍師姐（Peggy Lau），癌病惡化，她同班同學們吳家望等十多人組團，自港來加探病。當日大家在劉家相聚，場面感人。可惜吳兄因事遲來，我家則有事早走。雖僅能在劉家門前寒暄幾句，惟親切之處，猶勝千言。卻萬料不到，從此便是永訣！

去年，馮姐主懷安息。今日，吳兄孫姐亦歸天鄉。願他們都在神國裏面，福樂永恆。

(03-04-21)

明日？

兒時，功課若不即日做，父執輩總會板起臉孔就罵：「明日復明日，明日何其多。……」

歲月流逝，現在年紀老啦，正道人生七十古來稀，明天的日子，已覺屈指可計。什麼血壓、血糖、心臟之類的惡魔，已將殺至。因此，正確的講法，該已是「明日復明日，明日未必多」。若真有什麼心願未了，倒反要快點去達成了。

在這不知有否明日的晚景裏面，爲明日的事去操心，未免自討苦吃。信奉洋教的洋人們，在這方面可比華人豁達。耶穌早就叫人不要爲明天而憂慮了。因爲，就今日「一天的苦足夠一天受的了」（《聖經．瑪竇福音》6:34）。若再加上明日的，豈不精神崩潰了？

明乎此，則長輩叫後輩們好好爲明天打算，恐僅合於正在求學、又或正在社會打天下的有志青年，倒不必從此一部通書睇到老。你呀，活到了眉髮斑白，身心兩殘，還不翻然覺悟，明日實不可知麼？幼時聽的那句「明日何其多」，已是鬼話。

國鍵告老加國，前途似咁。明天？老友們且莫再問，都已交付穹蒼了。

是以今天有酒，今朝醉。明日愁來？未必我當。惡疾一來，什麼明日的一切喜怒哀樂，都即時泡湯。

晨早起床，走得吃得，就好好的活這一天吧。

(03-06-13)

始料不及

五月中旬，多城擺脫疫區，上下歡騰，且急不及待派大員往亞洲傳授剋「沙」要笈，頗有小布殊在林肯號上的亢奮。可惜好事多磨，但凡過快搞掂的，手尾可能更長。美國在伊拉克足陷泥沼固不待說，多城這趟遇上沙士一記回馬槍，慘成天下引以爲鑑的「典式」，直衰多兩錢重。

國鍵一家亦受害。原以爲可安心往美國聖路易市探親，豈知五月廿三日動身，翌晚與聖市眾親戚敘餐，有人驚問：喂，多市沙士又五十多宗，在多倫多機場，你們可有「探熱」？落機時有再量體溫嗎？多市沙士患者死者，全是華人麼？……。嚇得國鍵登時呆眼。一夜之間，多市又成「沙」域了？若真，則國鍵豈非不懂人情，從疫區跑來，害得人家心慌？

將心比心，香港疫情嚴重時，若有親友自港返多，甫下機便約你翌日飲茶，你能安心赴約麼？今聖市華人，本已聞「沙」色變，大大拖累唐人生意。對多市來客心存戒懼，又何足怪？何況主流傳媒斷章渲染，逢「沙」即「黃」，黃面孔到處亂跑嚇怕人，國鍵豈會不明白？

多倫多皮爾遜機場和聖路易機場，去返均沒遇上體溫量度。回加機上，坐在國鍵後面的老番咳足全程。國鍵甫進家門，忽亦喉癢狂咳，內心也不免有點發毛……。

(03-06-16)

老婆打骰

夫婦之間，最易產生磨擦的，莫過於那「誰個話事 」的問題。特別大家老了閒在家裏，要解決這個問題的決心就更大。雖說「男主外、女主內」，但大家都是「主」，究竟誰才算真的主，天天便成好話題。

「外」大過「內」？非也非也。若沒有了「內」， 閣下在「外」又如何發得起來？何況移民加國之後，女的較易找工做，什麼叫「外」？什麼叫「內」？早就模糊起來了。

嫁雞隨雞？嫁狗隨狗？丈夫既然不再是雞，也不是狗，誰管他雞飛還是狗走呢？今天他要跟著她走，又有何不可喎。

「牝雞司晨」？喂，二十一世紀啦，大家早已改用 「鬧鐘」啦！

所以，大事小事，全由做妻子的話事，看來已經是 加國華人新移民家庭的普遍景觀。

成熟懂事的男子，當然一早就洞悉這種世變。幾年 前才歸天鄉的多城知名作家姚老前輩，曾在他的金婚慶典茶敘上，談了他夫婦如何數十年琴瑟和諧之秘訣：「我倆結婚之時，訂了契約，此生大事由丈夫的決定，小事由妻子的拍板。結果呢？哈哈，這幾十年來，大事總沒曾發生過呀！」

國鍵聞之，大有同感。居加生活，平淡若水。除了種花掃雪，飲茶看報，天天陪老婆逛商場買菜等芝麻綠豆小事之外，還能有些什麼大事呢？

(03-06-23)

各有各滾

沙士重創香江楓城。七月瘟神剛送，兩地都舉行了 大型群眾活動。

七月一日，香江五十萬人遊街，齊喊「滾蛋」；七月卅日，多城四十五萬人齊集 Downsview Park，大叫 「滾石」（Rolling Stones）。都聲嘶力竭。

「滾蛋！」，乃香港人爆洩六年以來積壓的火滾； 「滾石！」，是多城「石」痴對老牌歌手擁戴的狂熱。同樣是「滾」，恨愛兩極。

所以說，大家在江湖打滾，成敗要看資質和際遇。 有朋友甚羨某君有「老男滾美女」且必財色兼收的本領，殊不知善滾有點像特異功能，乃上天所獨賜。雖在父兄，不能以移子弟。

《三國演義》第一回：「滾滾長江東逝水。」人一 生出來，雖都別無選擇地要隨滔滔江水向東而滾、入海而逝。惟賢愚智呆，滾的能力始終高下有別。其技高者金銀珠石滾滾而稱「滾石」；其技拙者稍有閃失，輒被天下人火滾滾唾棄而曰「滾蛋」。——「浪花淘盡英雄」？浪花，不就是那催人命的以億計的口水花麼？

國鍵早就看破：「是非成敗轉成空。」既知沒有做英 雄的本錢，不如就早點滾來多倫多藏拙，「看秋月春風」好。雖無「滾石」之財，惟亦絕了「滾蛋」之憂。紅楓皚雪，水滾茶靚，笑談古今，豈不快哉！

(03-08-15)

當黑？

福無重至，禍不單行。沙士一波未平，大停電一波又起。住在多市，今年實不易挨。年初沙士，乃「苦其心志」，嚇你神經極度繃緊；今趟停電，則屬「勞其筋骨、餓其體膚」，測你肉體忍苦力。「天將降大任於是人」？唉，國鍵遁隱多市，了無大志，此種精神肉體磨煉之苦，可免了吧。

才不過半秒，而喧鬧頓失，賸得一城沈寂：冇電、冇 燈，霎時冇書讀、冇飯開、冇電視睇、冇報紙看、冇街出、冇茶飲……，最慘當然還是，冇冷氣嘆、冇覺好睡。

原來世間事物，瞬間確可有化作無，果應了佛家子那句色即是空，一切皆幻。伊今日所享有的，是因緣，是天賜，無謂再拗喇。現實是，祇要老天爺發下惡，話冇就冇，可不會事前通知的。

不要說「大任」，意外一來，就微命也未必保得住。沙士的慌，冇冷氣挨的熱，冇電梯行三十層樓級喘的氣，比諸電光火石間撞車意外而冇命，算是濕濕碎了。

所以，今際當黑，尚要感恩。炎夜斗室漆黝，換來窗外月涼星潔，天階夜色，未嘗不是都市人難遇的清幽境。燃起一枝洋蠟，豆光照亮，不期也別有領會，——正是「一燈能除千年暗，一智能滅萬年愚」（《六祖壇經》懺悔品第六）。無怪基督徒要：做世上的光。

(03-09-01)

語言

語言，確須日夜勤練不可。稍稍鬆懈，即時退步。求 學時期，在新亞書院唸的兩年日文，今日不但已是煙消雲散，兼且連起碼的「阿喱加多」之類，也唸得比初學日文的小朋友還要吃力。

作爲香港人第二語言的英文呢？唉，除了負笈多倫多大學那兩年較覺像樣外，近年天天埋首什麼書畫的我，少不免又是一天比一天生疏。多倫多大學的許美德教授（Ruth Hayhoe）曾勸告在下，想英文進步融入主流， 最好天天看英文電視和報刊。言下之意，中文的以少看爲佳。可國鍵已是半百之齡，不若年青時的徐立之教授。發宏願在英文上力爭上游，難免時不予我。

暮年將至萬事休。沒聽說過上天堂要考英文試的。況在多城生活，中文場合多，英文場合少，想西化亦非容易。年紀漸大，記性日差，硬要中英文都棒，實在折磨自己。江湖已非我該留，爲什麼還要讓自己吃這苦頭？

是以在多城生活七載，國鍵還是以讀中文報紙、看中文電視、聽中文電台爲多。至若英文，除了看看西報頭條、鬼台新聞之外，所謂練習，也不過是平日偶遇老外時，講幾句「咕麼寧」「烤雅魚」之類的客套話。且講的時候，腦海想的總還是那「咕嚕肉」「燒黃魚」之類的美味中餐，做了個名副其實的假洋鬼子。

(03-10-13)

兩種心境

港報專欄名家某，突然「劈炮」。黃金色變，瞬夜間在無明的隨波濁海中消失。多城有人致電電台，爲此君之「冇得寫」而感嘆。

感嘆？可知「冇得寫」和「唔寫」，很有天壤之別麼？「冇得寫」，乃被動地給老闆「炒魷魚」；「唔寫」，是主動的自己「炒老闆魷魚」。炒我與我炒，相去十萬八千里。

唔寫，信因有了唔寫的本錢。既是名成利就，儲糧萬斗，老子何庸再爲那區區五斗米而折腰？知識分子呢，年逾五十，身家若厚，自尊心就特別重，往往講骨氣多過講米氣。嗟來之食，不食何妨？是以環顧左右，同窗老友提早退休者眾。無他，米已搵夠，若還賴著看上頭烏嘴臉，折腰之餘，更會折壽。今日仍在前線拼搏的，大多祇是工作狂。又或身在江湖退不得，奈何奈何。

能夠「劈砲」，當然是一種福份，且也亟須大勇氣。一劈，就是義無反顧。這種半生修來的福份和勇氣，未必那天天爲兩餐低著頭營營役役的年輕俗子所能懂。尤其在祇懂吃飯權的社會來說，「炒老細魷魚」？簡直癡人說夢話。

他們或許不知道，老窮途無奈「要跟兒女住」之外，世間還有別種老時「兒女大了還要跟自己住」的風光。窮者老來從子，富者老來子從。兩種心情，卻是未到老時不知曉。

(03-10-17)

塵

據《聖經》，人是用塵土造成的。若是，則人的本質是塵，不是水。大家既都屬塵，喜歡「塵」的天性自不待說。有時且還會加一撮沙，弄來那「沙塵滾滾，殺錯良民」的血肉景觀。良善謙恭如你，能知所掩避，不跟在後面吃塵嗆死，已算懂得世情，曉了保身。

所以，人世生活，猶如打理房子，活動範圍愈廣，必如居舍之愈是宏大，其治塵的機會便愈多。住上一所五千呎的平房，就吸塵已教你頭暈。神父天天嘮叨著叫人勤辦「告解」，佛門神秀日日勸人「時時勤拂拭，不使惹塵埃」的妙音，俱如閣下之「黎明即起，灑掃庭院」，乃日常生活的指定動作。天天染塵，天天拂拭。稍一躲懶，塵便積厚。唯一可嘆，是如此不停的抹來抹去，必會累死。除非走到那「塵歸塵、土歸土」的百年之後。

塵死於塵，是生命的必然結局。惠能那句「本來無一物，何處惹塵埃」，指的恐怕祇是身後。人之在世，身本塵物，何易以空悟求解脫？飯，還是要吃的；水，還是要飲的；要窗明几淨，始終還得靠你自己天天去抹。

想抹得輕鬆一些麼？得，住個幾百呎的「柏文」吧。屋大方知塵苦多。無怪年紀大的，總多愛上「柏文」。但求少點酬酢，過那「結廬在人境，而無車馬鳴」的清樸生活。

(03-11-14)

偉大的文化

唐代安史亂後，藩鎮跋扈，河北地區，日益「胡化」 。胡化也者，乃東北地區在胡人控治之下，華人習染胡風：愛好騎射，喜歡「飲酒」；語言之間，「無非攻守戰鬥之事」，「未知古人有曰周公孔夫子」（錢穆《國史大綱》，引杜牧《范陽盧秀才墓誌》，商務，四一年，p.335）；人多豪邁奔放，正是「虜酒千杯不醉人」，詩書禮樂，不學也罷。

可同是大唐年代，西域人遷居中國而「華化」者，又 斑斑可考（方豪《中西交通史》冊二，十七章五節，前引，不贅）。唐世大食人（阿拉伯人）與中國通商而移居中國東南沿岸，結婚生子，漸受華化者亦眾。其中以唐末大食人李彥昇於大中二年（AD 848）考取進士最為顯名（方豪，p.188）。

同一國度，同一朝代，而「華化」「胡化」並存，成了包容並蓄的大唐文化的偉大景觀。胡化，固不是什麼大罪；華化，也不見得必因中國文化最優。胡耶漢耶，環境使之然耳。唐人倒不會用之大造文章，蠱惑群眾。

今日加拿大可貴可敬之處，正亦在此。在多倫多，你大可與唐人劃清界線，從此完全西化，絕跡唐人街。也大可拒絕一切洋物，甚者把鬼佬之吃蝦餃燒賣講中文，看成是咱中華文化的偉大勝利。加拿大主流社會，卻都祇會淡然一笑，——有問題！

(03-11-24)

管他是洋還是華

有自信心的文化，總洋溢著一種包容的氣度。不會因「華」而喜，亦不會因「夷」而悲。到了外地，入鄉隨俗，當也不會視作棄祖滅宗，痛哭流涕。其實，在外地生活久了，耳濡目染，就怎的意志堅定，不自覺也必有所同化。爲此而嗚呼哀哉，實在無謂。

舍弟住在台灣三十年許，娶妻生子，生活已經十分台灣化。國鍵大半生香港度過，港化當又必然：大排檔茶餐廳那熱騰騰的香濃奶茶、沙嗲牛肉飽、牛腩河、火腿蛋公仔麵……，思之滋味無窮；日常語言，不中不英，信又天下無雙者。移居多城，要完全改變舊生活？難矣哉！

至如住在神州大地的同胞，經歷了幾十年的共產統治，思想語言，信也難逃共產革命化：呼妻子做「愛人」，尊閣下曰「同志」，動不動就講「運動」，久不久就談「政策」。愛黨愛國之餘，猶特別喜歡吟數字：「三反五反」「五講四美三熱愛」「四個堅持」「九條方針」……，計數論算，世之一流。

百年英治，港人可慣了中外兼容，不斤斤於神州新國 粹。叫老婆大可暱之「蜜糖」（honey），計程車公車且直跟老番稱「的士」（taxi）「巴士」（bus）。來到加拿大，自然少了點華洋之間「化」抑「唔化」的精神掙扎。若非搵食難，必然活得更快樂。

(03-11-28)

一字之氣

文壇老前輩的上佳文章，給人無端添了個字，因而有點生氣。

國鍵寫框框文章，不覺十多年了。蕪文刊出，見那詞字標點段落有所改動，忙翻原稿，錯若在己，即時汗顏；錯不在我，雖覺不安，但文義既無大害，一笑便是。

是手民之誤？是自己字體潦草？是倉卒之間編輯大人一時糊塗？是電腦排版出了毛病？大家時間寶貴，蒜皮小事者，不問也罷。

嚴謹，是文字工作者應有的態度。前輩之所以不悅，信亦在此。這種一字不苟的精神，很值得從事文化工作的晚輩學習。國鍵受過史學訓練，下筆爲文，字詞標點段落，也習慣了先想一想，很怕寫出來的，礙了讀者的眼。然而，就怎的小心，偶然也會鬼掩眼。是以文章寫成，例必扔放一旁，過幾天多閱兩遍，才敢送稿。可百分百沒錯處了？還是不敢保證的。

文章給印錯了字、分錯了段，會否影響聲譽，則國鍵極少想及。因爲，第一，國鍵名聲未顯，故亦無大譽可損；第二，國鍵畢業中大港大多大，僥領學位六個，遺憾的是，書是愈讀而愈證學海無涯、吾生有限。讀者若認在下學問淺，本屬實情。多吃幾條小「死貓」，沒啥相干。

事非經過不知難。電腦搞鬼，人手幾經，紕漏難杜。《星島》讀者有器識，小小瑕疵，何足損大雅耶？

(03-12-08)

何謂夠？

友人英年退休，自道已經「搵夠」，移民這邊享清福 。國鍵聞之，當然替他高興。然而，什麼叫做「夠」？倒是人言人殊的。

有身家百萬便叫夠？可有人腰纏百億未嫌夠；麻將八圈便打夠？可有人四十八圈兼加黑眼圈還未夠；年到七十便活夠？可有人百歲高齡還未夠；討個老婆便說夠？可有人二奶三奶包極都唔夠；一日三餐便足夠？可有人整日吃喝口不停，還嚷著，未夠未夠！

所以，若聽別人說他「受夠啦」，你倒不要輕易插嘴。在你來說，這很可能會是濕濕碎的去夠還遠。他，祇不過天一亮便給他老婆大人不停的嘮嘮叨叨，要這要那。是他自己沒能耐，才給煩了個老婆一個且嫌多。你？哈哈，可卻是嚴妻出懦婿，棒下成季常呢。給老婆多嚕嗦幾句，這便叫受夠了？還沒動手動刀動棒，還沒在親友面前當眾落你的臉，夠個屁哩！

傳統智慧，不要輕易言「夠」。就講，也該加個我字。因爲夠這一回事，從來沒有絕對的標準。是以小孩子唔識世界，吃飽便大嚷「吃夠喇」，老人家總忙掩著孩子那漫漫的小嘴兒：哘哘哘！未夠未夠！

當智慧老人坐上權力寶座號令天下，尙且不知何時始謂之夠的時候，我眾愚蒙，又怎能輕易得知？

挨年近晚，老闆若問你夠未，你還是笑而不答好。

(04-01-05)

聊解鄉愁

中國人向來念舊，鄉土情特別濃厚。來到加拿大，患上原居地情意結的，相信不少。

爲解鄉愁，到唐人街懷緬唐人味，倒成了生活上不可稍缺的部份。二三十年前，在唐人街餐館吃個硬得足以掟死狗的叉燒飽，聽說，已經是華人留學生做生日的一件大事。

同樣爲了一解鄉愁，就算有點兒阿Q，華人也是很樂意把原居地的景物名稱，硬搬到這邊來的。於是乎，溫哥華有「香港仔」，多倫多有「太古」，有「新旺角」……。酒樓餐廳，似曾相識。是否真係香港分店，也不會有太多人去深究。總之，有了點活在香港的感覺，便是快意。由是「港式」這招牌，姑無論奶茶抑或豬扒飯，總都有人去捧場。

近年多城興「港式」，頗證明香港人在思鄉上還算有了分寸。可公元四世紀的東晉時期，中土人士逃難南方，且乾脆的把他們的州郡名稱，也都帶到南方去，——謂之「僑置州郡」。據先師嚴耕望教授考證，就南方江蘇近廣陵（江都）晉陵（鎮江）一帶，已寓寄了北方的徐、青、兗、冀諸州。襄陽一郡，又塞了「雍梁秦」三州，搞到當日的行政系統十分複雜（《中國地方行政制度史》，史語所，六三年，頁六）。

中原人敢作敢爲，要移，就這麼連州帶郡的一起去。我輩香港人，即時給比了下去。

(04-01-09)

話題

人生最大的寂寞，是沒了話題。一覺醒來，啞然無物無事可語，那日子如何呆下去？所以，一天的話題，猶如一天的茶點，不能一天或缺，否則就是不成生活。

話題愈多，語言的內容愈豐富，生活就覺得愈充實。講完東時便講西，喋喋不休的嘴不停兮腦不休，多快樂！

話題一旦乾涸，大可自製幾個。成行成市專替人製造話題的八卦報刊雜誌，實在也功德無量。倒不要罵它們「八婆」，因爲沒有它們，平淡的日子怎樣過？

可不是麼？在這口痕的年代，短話要長說。求真的新聞尙且要加「野趣」，何況是那虛擬而來得啖笑的娛樂？是真是假不足怕，最怕的是沒了話題，口停舌止。一停一止，何以治口痕之癢？

廿四小時不眠不休在麻將檯上攻打「四方城」的，手指尙且不覺勞累，何況那無需用力便可張開的口？況且，搓麻將的「手談」若沒有了同步的「口談」，沒能互相「八料」、互換由自己推理出來自稱獨家的「秘聞」，必如洋人之吃西餐而沒有甜品，始終有種欠飽的遺憾。

若閣下不幸成了別人的甜品呢，倒也不必跺足搥心，到處投訴。樹大容易招風，蜜糖最是惹蟻。祇要不涉道德人格，做了別人用來遣愁佐笑的材料，也未嘗不是積福積善，貢獻社會。

(04-01-12)

新歲喜論心猿

今天甲申猴年大年初二，恭祝各位猴年安泰，諸事大吉。

猿猴之聖者，當推吳承恩筆下花果山齊天大聖孫悟空。《西遊記》百回目次，悟空俱稱「心猿」，足見寫的雖為馬騮，實則人心。正是「猿猴道體配人心，心即猿猴意思深」（第七回）。人心呢，翻一個觔斗，便是十萬八千里。猶如閣下在公司開會，身在會議室內，心兒卻已飛了往萬里之外拉斯維加斯的艷舞場上，正看著肚皮舞。人心既可為善，亦可為惡：一怒為惡，可以搶掠龍王反天宮；一喜為善，又足離邪歸正滅群魔。也實在莫測。

人心莫測，如何駕馭？竅門大概在於一個善字。人心，就怎的兇殘，怎的頑劣，也逃不出人心自性本有的一點佛性，一點善根。

孫大聖打觔斗總打不出如來佛祖的右手掌，結果被壓「五行山」下，成了「惡貫滿盈今有報」。此無他，其佛性善根之無窮力量終降伏之也。正亦因此，而心猿雖則「惡貫滿盈身受困」，卻同時也是「善根不絕氣還昇」（仝上）。祇要善心尚存，一旦「心猿歸正」，同樣可以擔當保護唐僧往取西經的重負，修成正果。

今年這猴兒是煞星還是吉物，但看人心。伏祈四海歸 善，戾化為祥：「向來受盡千般苦，今日榮華喜道成」（第九十八回）。誠為吾族安定、世界和平，乾杯！

(04-01-23)

「大隻講」

中國先賢，講仁講義，有人認爲，中國便是禮義之邦 了。東漢末年，來了個「孔融讓梨」，有人認爲，中國便是謙讓之國了。可真未易明解。

若真個滿有仁義，何須多論？若真是人人謙讓，何用多談？何勞聖哲們日日苦口婆心的來提點？

孔仁孟義，孔子和孟子，正正生活在一個篡弒相繼「強凌弱、眾暴寡」的不仁不義的春秋戰國時代。爲了求生存，大可不擇手段。仁義道德？可以當飯吃麼？

孔融讓梨？可憐的孔融，正也活在東漢政權紛崩析離「州郡割據」的逐鹿年代。董卓、袁紹、曹操等人，各盡奸謀，互不相讓。這一段諸路梟雄拼死相爭的歷史，凡讀過《三國演義》的「老餅」，又或玩過《三國演義》電腦遊戲的小朋友，相信都不會太陌生。

《禮記·禮運》，「大同」社會之「講信脩睦」，「小康」社會之「刑仁講讓」，今天僅祇應了個「講」字。

移民來到加拿大，燦然而可與老番那守規行讓的品德相映美？哈哈，祇要假日往多市太古商場走一趟，欣賞一下場外停車處各「四方須停」的小十字路口前的景象，又或看看輪候泊車是不是先等先泊，自然立有分曉。

有等人士連守法守秩序的基本觀念還沒搞得通，遑論那層次更高的排隊輪到自己卻去先讓他人的「禮讓」？

(04-01-30)

覓居難

在多城，要搵一間合心水而又能力負擔得起的房子，實不容易。地產經紀教落：「地點！地點！地點！」這當然是指學校好、交通好、公共設備好的成熟地區。殊不知，地點之外，最緊要還是鄰居好。

閣下喜歡清靜，卻不幸住在好動人士匯居之處。左鄰右里，早晚鼓樂價天響，天天很有「漁陽鞞鼓動地來」的驚慄感。愛吵鬧刺激的，當然樂在其中。文質書生的你，本有了點精神衰弱，又怎經得起如此天天的天崩地裂？結果，崩裂的當然不會是天地，而祇會是你的腦袋。

又例如，閣下甚厭咖喱香。豈知尊府所在，正近咖喱 街。咖喱氣情如榴槤味，是飄香還是飄臭，真係愛惡各殊，責不在人。

所以，在多倫多市買房子，雖則肯花四十萬元以上，在市北新區，便是三千呎大宅任君擇。然而，新區他日的真貌，買樓花時無從知曉，面對的，恐怕還是賭一場。

市內舊區待售的中價房子呢？入之每有一種牆殘簷朽、面積太細的滄桑壓迫感。百廢待舉，閣下若沒有救傷扶危的本領和精力，買了祇會做咳自己。自幼慣了修理樓房的洋壯漢，也許不成問題。你呢？驕生慣養，雞手鴨腳，那就祇能與房子共廢，對牆而泣。

此所以一個要求多多、身家少少的中產知識分子，在多市常怨覓居難。

(04-02-02)

獨得其樂

中國農業社會，習慣了劃地而耕。春秋戰國，已知修築長城，在自劃的城界內過生活。雖則有學者認爲，長城把中國人圈了在內，從此不謀向外。但，中國人祇要穩住祖業，順天安命，倒也不愁寂寞，自得其樂。

自樂之中，卻不免培養了一種閉門而活的小圈子文化。活動的範圍，有時且愈割愈小，愈縮愈窄。有窄至四個人關埋門打牌，小小地方擺一張「麻雀檯」便夠。再窄的，當然也有：例如二人對奕，甚或獨自彈琴。活動空間，不出兩步。

古代中國，沒怎提倡團體生活。既沒有公眾球場，也沒有類似現代的社區中心。有的，是閣下獨來，即可玩樂。例如那獨自與荷官對賭的賭坊，獨自品茶弄雀的茶寮，又或獨自去尋花問柳的妓寨。

所以，自古以來，人們大多還是偏愛「獨樂樂」的。儒家的「眾樂樂」，祇屬客套。否則武俠小說裏面獨居名山、獨來獨往的大俠，不會如斯教人神往。圍牆加獨，方屬千年文化史的獨特所在。且發展至於今日，更是城內有城，牆內有牆，獨自各領地盤，互不踩界，謂之「江湖規矩」。

是以多城之中，同一性質的華人組織，總見花栽兩盆，樹插三枝。彼此獨不相干，各據「天下」。在華人眼中固甚尋常，看在不懂中華文化之妙的老番眼裏，可嘖嘖稱奇。

(04-02-13)

懺罪

人貴自知。自知的第一要義，是人無完人。雖則程度不同，大家都是有罪。

從香港移民加國，從彼之深海轉投此之平湖，生活趨 淡。唯善心倒未必因此淡泊而加添，胸襟亦未必因居此綠原而增厚。——在香港生活時不成問題的問題，在加拿大這邊竟都會成了偌大的問題，嚴重到要口誅筆伐。

講說話偶爾「咬螺絲」、讀錯音，又或用了句俗語，竟有人會因之勃然大怒，到處投訴，絮絮不休的也糾纏了好幾天。

移民前心胸廣闊，得饒人處且饒人。何解移民之後，便成了個律己以寬、待人以嚴的小家子？區區小事，無限放大，動輒便拿仁義道德來扣人帽子？

這種移民前後心理上的微妙變化，很值得關心海外華僑發展史的學者們研究研究。

在加拿大的華人社會走動，你或會發現，無心的一句說話，也可莫名其妙的掀起軒然波濤，可以無辜辜的給罵個狗血淋頭。

移民到加拿大，言論不是應該更自由的了？奇怪的是，在華人社區講說話，倒比在香港時更須拘謹。在港說慣了嘴，從來沒聽人說有問題的，在這邊可能足以禍從天降、毒箭橫來！

吹毛求疵，言語構罪，容易滋長白色恐怖。國鍵在此評三論四，話短說長，可天天還自牢記，小心孽從口出：我罪、我罪，我的重罪。

(04-02-16)

這樣才叫加拿大

去年中，多倫多華人天主教會各堂區，在著名的 Martyr Shrine 主教堂舉行了一台聯合彌撒。彌撒儀式 ，一時用國語，一時用粵語，一時又改用英語，爲之耳目一新。

天主教主張「共融」。「共融」的意思，是彼此相容彼此尊重的「合一」，而決不會是誰領導誰、誰消滅誰的「統一」。「合一」和「統一」，意思大不同。加拿大乃多元文化社會，官方語言是英語和法語的合一，並不是用法語或英語去統一對方。是以前總理克里田、今總理馬田的演講，經常是一段英語夾雜一段法語，聽起來可沒有人會覺得奇怪。

若閣下不懂法語，演講時純用英語，又或閣下英文差，演講全用法語，相信也沒有人會無聊到寫文章去談「歧視」。因爲，多元文化和人權憲章之下，你還享有選用自己方言母語的自由權。

與老番交往，自己英語結巴巴，當然屬於獻醜。可有教養的老番總會好言相慰：「國鍵，我的廣東話，倒遠不及你英文的水平呢！」

加拿大就是這樣子，人們不會以自己母語是加拿大的國語便自覺高人一等，指三道四。英語？法語？粵語？普通話？其他外來語？俱平等不過。歧視？太言重了吧！

加拿大地多人少，「合一」的空間很大。未必定要鬥垮鬥臭踩扁別人，始能搶得立足地。

(04-02-27)

移民拾絮

國鍵重歸多城，匆匆不覺八載。逝水流年，流逝得實在太快。回想十七年前初登加境，可熬了個度日如年。手指彈來彈去，總彈不足那一千零九十五天之數。是知日子快慢，繫於心情。

快樂不知時日過。閣下移民後若覺得日子過得快，足見閣下移民前的工作，必然挨得很辛苦。移民後而覺得日子慢如蝸，則證明閣下移民前的工作，必然甚是愜意，——恐怕不是身居高位，發施號令，便必是個高薪厚祿唔多使做的優差。

移民這邊，投閒置散。失了領導，也失了優差，情緒上難免即時做了監犯。每天的指定動作，是豎起指頭數日子，——夫之謂「坐移民監」。沒有了外遊的自由倒還可以吧，大丈夫最慘的是沒了領導權，失了高收入。渾渾噩噩，飯食唔落。

日子難度，牢騷自然特別多。加拿大政府那招攬新移民的宣傳小冊子，竟都是奸哄人的！移民來這邊可以一展所長？吾友每每說起，定會青筋暴裂，拍案便罵。也難怪，他移民前乃香港著名工程公司的高層大員，平日的工作，是巡視工地，是拍台責罵下屬鬼佬做得唔夠好。在這邊呢？唉，竟是身份互調，職卑薪微之餘，在地盤裏還天天給那懶到出汁的鬼頭罵粗。這口氣怎嚥得下呢？

加拿大，在他口中，從此就唸成了「奸懶大」。

(04-03-01)

精神抄家法

洋老番思想極受基督教影響。身體髮膚，受之天主；生我育我，主禱文求天主「今天賞給我們日用的食糧」。

咱傳統文化可大不同。「身體髮膚，受之父母。」身體乃父母所賜，食物乃父母所給，爲了報恩，懂事以來就有了爲報答父母而須「揚名於後世，以顯父母」的觀念，謂之「孝之終（圓滿）」（《孔子孝經》）。這一種生命在乎「揚名聲，顯父母」的觀點，正正是曾子所謂「大孝尊親」的張本。於是乎，在中國做兒女的，一生出來，就背負著家裏祖宗十八代的神主牌，拼死要盡「最高的孝道」（大孝），務令父母及祖先都因自己的尊榮而同受世人欽敬，壓力不謂不沈重。

人生打拼，原來不是爲了社會，不是爲了感謝神恩，而卻是爲了父母，爲了門楣，爲了「光宗耀祖」。入不成耶魯哈佛麼，隱隱然也有了一點對不起父母的不孝感。入了名大學的名學系，前途似錦，看見父母在親友面前講得眉飛色舞，自己竟也不期然有了點安慰感。

血脈相連，一家人由自己上至列祖列宗，就這樣的緊緊扣在一起，共榮共辱。要麼就一起榮華富貴，門楣光大；要麼就一起抄家滅族，一門受辱。無怪市井無賴，罵起人時，總先拿對方的爸爸媽媽祖宗十八代來羞辱一番。如此陷人大不孝，比講粗口還要狠毒。

(04-04-02)

講就容易

九年前，國鍵在港報專欄，寫了一篇《教辱》的小文 ，援引蘇東坡學禪故事。去月聽星雲大師講佛理，不意又得重溫：

話說蘇東坡在瓜州做官，曾渡江往鎮江金山寺跟主持佛印禪師學禪。未幾自覺修行有成，乃作一偈曰：「稽首天中天，毫光照大千。八風吹不動，端坐紫金蓮。」（八風：地位、譏笑、毀謗、名譽、利害、衰病、痛苦、快樂。）然後派人往交佛印。豈料佛印看了，謹在紙上寫了「放屁」兩字送還。東坡為之光火，馬上渡江，憤責佛印「穢語相加」。佛印即時哈哈大笑說：「你不是『八風吹不動』的麼？為什麼被一『屁』打了過江來呢？」（陳一陽《東方妙智慧——金剛經白話演繹》，北岳文藝，九二年，pp.94-95。）

此之謂知易行難。

目下在多倫多生活，雖學耶教天天談仁愛寬恕，要「愛你的敵人」。可一坐上自己的車子，在路上奔馳的時候，遇見別車不守規則左穿右插橫衝直撞罔顧人命的驚險動作，尤其在你車旁前面不足半尺之距突然表演那嚇你半死的切線奇技，能不立時光火，暗裏罵他忘八蛋！恕他愛他？沒想著享以老拳，已算很有修養啦！

此又謂之，知易行難。

是以國鍵之流，雖常講愛，卻不代表真就很有愛心。這一點，相信看官早就明白。

(04-06-21)

老境

年歲不同，心境自異。年青時在大學讀書，談仁論義，理想諸多。可畢業後面對生活，不能不拋「理想」而求「銀兩」。中年猶信，求得銀兩，可找理想。

有銀兩便有理想？事實又非必然。因爲銀兩這東西，很能銷磨理想。它有如鴉片，愈吸而毒中得愈深，難以自拔。結果呢，理想始終還祇是個虛無縹緲的理想。

歲月蹉跎，銀兩銀兩，瞬間竟也白髮亂長。少年壯志？重拾恐已氣力不再。「季子正年少，匹馬黑貂裘」這種馬上英姿，今天就上馬拉韁也覺氣喘。無奈總是，「今老矣，搔白首」（辛棄疾《水調歌頭・落日塞塵》），直如電影《胭脂扣》戲終時，垂垂老矣的張國榮站在廁兜前小解低吟：昨年屙尿射過界，今日屙尿滴濕鞋。

花老便謝，人老即衰，錯失難返。濟世的功業更覺遙不可及，就身邊相知的朋友也買少見少。這種老來的孤清寥落，辛棄疾倒講得很白。《賀新郎・甚矣吾衰》劈頭一句便是：「甚矣吾衰矣！悵平生，交游零落，只今餘幾？」夕陽年邁，已活至「一笑人間萬事」，老到「問何物能令公喜」，閒來呢，最好還是乖乖學劉克庄那句「把《茶經》《香傳》時時溫習」、「且教兒誦《花間集》」（《滿江紅・金甲雕戈》）。

亦即要學晚年的張愛玲，凡塵隔斷，閉門謝客。

(04-06-25)

食息，聖也

移民加拿大，「食息」度日，惹人艷羨。退穩江湖，唔使做而足夠糊口，不勞五斗腰折，任情順性，還很有資格談仁義，去聖境不遠。

今日息口近零，對食息而近聖的人們來說，更添一層深意義。——若不能甘於淡泊、貧賤不移，那平日常掛嘴邊的什麼道德良知，恐都白講。

腰纏百萬，往者利息六釐，年收六萬，還夠大魚大肉。今者得番一釐，月僅數百，捉襟見肘，不無斷炊之憂。以前道德仁義但憑口講，今日低息環境下，竟真來個身體力行，要親自體驗一下「君子食無求飽」（《論語・學而》）「飯疏食飲水」那種聖賢清淡。能否仍然「樂亦在其中」（《論語・述而》），顯然是個大考驗。

高息年代食息而修身君子，並不太難。低息年代無厚息可食，仍然保持聖賢君子的風骨，那就很不容易。聖人君子未必窮，祇是「時窮節乃現」，在困苦時有沒有爲生活而棄節，才是涇渭之所在。

《論語·衛靈公》記孔子在陳國絕了糧食，子路怨問：君子也會窮困的麼？孔子劈頭一句：「君子固（堅守）窮，小人窮斯濫矣。」倒不是說君子必窮，祇說君子面對窮困逆境，能堅守本份，固守其窮。不若小人，一窮就胡作非爲（濫）。

聖賢心懷，要經得起磨煉。一旦挨過漆夜，煦曦又至 。快將加息啦！

(04-07-05)

回頭未必生無路

短短兩周，多城便發生了兩樁大陸新移民跳樓自殺的 慘事。聞者傷心，聽者流淚。大家流的，恐怕都是那移民之淚了。

有前輩勸人，移民要破釜沉沈舟，燒掉木橋，堵絕後。如此方可全心全意，融入主流。

卻未必人人有此膽色。須知世事難料，成敗未必全因意志。有志者事竟成，僅事情的一面。另一面是，時不予我，拼盡氣力復如何。卅年寒窗落得個天涯孤客無人問，多的是。

所以，做人最緊要變通，能知所進退，能摸著石頭過 河，處處爲自己留點後路。理想雖美，現實無情。移民前那一腔熱血傻勁，跑來這邊看了，猛然驚覺，人說有情卻無情，天下草根一樣窮。待熬至一家三口半張床，百般滋味在心頭的時候，才後悔先前勇拆歸鄉橋，是何等的錯錯錯！

在多倫多生活，貧苦最難受。物價是年年的漲，工資是天天的壓。滿以爲海闊天空任我飛，原來空中鴿兒白眼多；還以爲搵工容易「炒魷」難，實情卻是饑僧處處恨粥少。來這邊想乞口殘羹吃，誰說很容易？

辛酸故事讀得多，未爲人知的相信會更多。今天的困局，不在於肯唔肯挨，而在於冇機會你挨。此情此地，何必還硬要自己往前走？前處無路可回頭，天涯總有留人處。

就真的回流，猶錚錚的一條好漢。

(04-08-02)

天意

「謀事在人，成事在天」，千古不易。人呢，就怎的計劃將來，結果能否如願，還是不由己說。天意難測，從來祇是——不如意者，十常八九。

大儒常勸世人：「謀其事不計其功。」既盡己力，功成由天，何況成了事也未必一定對自己好。成大功而反遭殺身禍如岳飛者，歷史上比比是。此所以耶教認爲，人生莫貪己功。若僥倖有個成績，榮耀都歸天主。無他，有自助而無天助者，始終失敗。

不信？任憑你嘔心瀝血寫篇什麼文章呢，可見報時就給稍稍改動一下，便足面目全非，欲哭無淚。你看了，也祇能哀嘆天意如此，莫奈之何。

至如國鍵移民加國而能成事，也算冥冥中有個主宰。本是移民美國的，可某年某月某日內子陪好友往加拿大領事館拿移民表格，手痕痕自己也領了一份，就這樣陰差陽錯移了這邊來。正是「有心栽花花不發，無心插柳柳成蔭」。回首前塵，能夠在這邊安身，沒曾往那霸道的美國，確又要感謝天主的帶領。

人生各有職守，唯天命是從。據聞天主慈愛，決不會趕人絕路。人之所謂絕境，大多緣自「山窮水盡疑無路」這個疑字，是對人生看得不夠透。眼前無路？望後復如何。求助無門？所知此地慈善機構佛門教會，對絕境之人，都樂伸援手。

「柳暗花明又一村。」

(04-08-06)

喪禮感言

內子敬愛的姑母，去月主懷安息。安息彌撒，神父說 教：對基督徒來說，死亡不是生命的終結，而祇是永生的開始。

所以，真正的基督徒，從不咒人死，也不怕給人罵死。因爲，死亡對於人來說，祇意味著「我在天堂等候你」。這是帕瓦洛帝（Pavarotti）在威爾第（Verdi）歌劇《 Il Trovatore 》裏面唱的。

祭壇之上，女孫兒致悼詞，提及她祖母最重衣著。衣著端莊，不但在表現自己，且還是對他人的一種尊敬。甚對。人話洋老番衣著隨便，確天大的誤會。老番平日衣著也許隨意,可上教堂，參加喜宴喪禮，又或遇上隆重場合，定必盛服以赴，絲毫不苟。祇有多城某華人天主教堂，才要勞煩神父提點，參加彌撒該穿得整齊一點。

當然，平日友好相聚，意在把茶言歡，稍解塵縛，可又切莫穿得太隆重。西裝畢挺，徒令大家拘謹，無端加添壓迫感。本欲好好聚首一堂無拘無束大吃大嚼大講大笑的樂事，一下子便會給這「西裝骨骨」箍緊。至少對我來說，隆重衣著代表著謹言慎行，遵規守矩。朋友相約閒聊而竟結領帶穿「老西」來，那實在是開我的玩笑。如此名貴裝扮，教我如何舒閒得起？

所以，每與友家大集會，小兒倒不必先問規矩。能否暢所欲言，祇要瞅瞅爲父的衣著，便知分寸。

(04-08-09)

這個冬天恐怕冷

今夏，多倫多沒以往那麼熱鬧。八月某假日，往湖濱一遊。加勒比海節期，本該摩肩接踵，遊人如鯽。可眼前卻是，人面不知何處去，艷陽孤照冷湖風。

沿湖酒家食肆，生意遜色。昔日呢，大時節若往湖濱某酒樓午茶，例要排隊等候。今番前往，午膳時分，竟一到即可入座。窗前湖光閃閃，船帆點點；綠漪閒舒，白鷗逍翔。佐之以名茶美點，確人生一大快事。可惜要待日本來的旅遊團客駕到，酒樓氣氛始稍熱鬧起來，心倒有點憋。經濟果真劣如斯？

夜幕將垂，復往以海鮮出名的湖畔西餐館子醫肚。以往晚餐每客不下四十元，今趟竟賜個「早鳥」（Early Bird）的大特惠。六時半前點餐，連湯送茶，每客不過十五塊。主菜且是炸比目魚（Halibut）！吃時，竟自嚼出一絲館主的辛酸味。

問題且是，大出血未見奏效。人客小貓三四隻，雖不至門堪羅雀，也稱得上慘淡經營。昨日的車水馬龍，今天去了那？

經濟大煞車，也許是拜美伊戰爭、油價狂飆、物價亂 漲、加元高企、恐怖主義威脅等所賜。連鎖反應，外國遊客固然少，本地消費，也是慳得就慳。

歡樂的暑假已過。生意人計一計數，大抵殊不歡樂。今歲夏雨連綿，涼氣襲人。炎炎夏日，尙覺寒意。來日秋冬冷季，又豈易挨耶？

(04-09-06)

鴨

北方人吃鵝的少。唯獨南方香港最嗜鵝。燒鵝、鹵水 鵝、鵝掌、鵝翼、鵝腸，都是美食。來到北美，老番祇喜吃鴨。說是鵝肝醬了，結果吃來吃去，還是以鴨肝造的爲多。對於港人，不免哦然稱憾。

香港貴鵝而賤鴨。近月「自由行」興，淫業裡面，竟也多了個「自由鴨」的「雅號」。把「鴨」對比於「雞」，本是香港鵝痴一貫睇唔起鴨的明證。「妓」「雞」一音之轉，稱妓爲「雞」，在聲韻上還算有點根據。男娼爲「鴨」，對鴨公平麼？

香港的鴨，就這樣莫名其妙地被人們比類於「雞」，賣淫爲業，傷風敗德。要來到北美這邊，才知得鴨兒原來不淫賤。特別那迪士尼的「唐老鴨」（Donald Duck），更是人見人愛。牠脾氣雖大，卻難得有副好心腸。雖幫倒忙的多，但始終還算是個能忍能挨、永不言退的硬漢。在某程度說，是國鍵這類知難必退、遇挫即縮的膽小鬼該學習的對象。

唐老鴨在西方是萬人迷，名叫Donald的自然多。吾友也甚西化，平日最喜自稱「唐老鴨」。雖則他說他這「唐老鴨」殊非迪士尼的那一隻，而祇是隻——「唐人街的老鴨」。

這「唐老鴨」算是唐人街裏吃得開的Donald Duck，抑還是那常在唐人街蹓躂年老卻猶精力過盛見女人便擠眉弄眼的「自由鴨」，可不得而知。

(04-09-17)

狗

近日，多城又發生了惡狗咬人之慄事。應否准人飼養惡犬，霎時成了省市政府及主流傳媒的熱話。

據新聞直擊，這趟惡狗狂齧壯漢，勞煩警察連開十六槍，始勉強將之制伏。若稍猶豫，又或槍法欠準，那洋漢必死無疑。

加國立國僅百餘年，未必知道惡狗之兇狠。咱中華三千年血淚史可就有水平，處處說的是惡狗難惹。頂天立地如史可法袁崇煥尚且不敵，身短膽細如國鍵之流，又豈能不見之如見魑魅，遇之如遇豺狼？故此，街上凡遇惡狗迎面而過，在下例必慌忙讓路，肅靜迴避。年來在這裡多看了惡狗咬人的血淋實景，早嚇得在下連戶外散步的習慣，也泡了湯啦。

原以爲離開了人比狗賤、人權比狗權輕的鬼地方，來到這片據說是人權無上的人間樂土，豈知竟同樣是狗權至上，實在教人失望。

唉，天下惡狗一樣兇。有趣的且是，狗主都同樣不需負上刑責。受害人呢，充其量也祇能呸一聲罵他真狗臭。想打狗麼？得先看牠主人。很多時，牠也不過奉命行事。你若告上法庭，反添禍端。

立例禁養惡狗？也未必可行。因爲世上甘做鷹犬和喜歡豢養惡狗的都甚多，禁之難盡。較可行的辦法，也許是立法禁牠出街。其實，惡犬這類連照鏡也會自嚇一跳的畜生，又出來行什麼街？

(04-09-20)

吃藥

古人說：病從淺中醫。今人說：病從無病醫。

無病先醫病，據說是現代醫學的新方向。家庭醫生的責任，不單替你治病，還要替你防病。以前早上空肚度血糖，讀數七點八以下不爲病。今天若然「六點八」，已足建議閣下吃藥去。夫之謂——防病未然。

以前，血壓上壓一四零、下壓九十不爲高。今天，上壓一三零下壓八十，已有爆血管之憂。隱隱然又係，勸你及早吃藥。壞膽固醇呢？若閣下有著高血糖的隱患，最好把它控制在二點五之下。喂，吃藥啦！

朋友說，爲了防病，各種指標自然緊。最得益的，藥廠莫屬。大家年紀輕輕便都依賴藥物過活，藥廠老闆能不開心死？惟是，多吃藥物，對身子未必真的有益。因爲，它始終是傷肝損腎的毒物。

有朋友勸人改吃中藥，據云一樣可以防病。問題是：中藥可不是藥麼？不也是有毒的化學物麼？西藥有害中藥無害，未必吧。

當然，吾族風俗，平日本已習慣飲補藥、喝「涼茶」以防疾。在吃藥防病的角度看，早就跑在西方的前頭。昔日我在香港頻飲藥湯，甘之如飴。今天醫生叫我服西藥防疾，何解視之如洪水猛獸，惶惶然不可終日？真奇怪。

吃西藥難，不吃亦難。近日與老友們相聚談起，竟多同苦相憐，喟然長嘆。

(04-09-27)

苦

天主造人，有說是爲了光榮天主。因此人的一生，天命是從。惟是「天意從來高難問」，能夠喜劇收場的極少。

不信？那傳世的文藝，訴說的不幾盡是人世的淒苦？ 西洋歌劇名著《茶花女》《卡門》《托斯卡》《蝴蝶夫人》等等，無一不是悲劇。就管絃之樂，家傳戶曉如貝多芬、柴可夫斯基、勃拉姆斯各自的《D大調小提琴協奏曲》，琴譜上跳動著的，也無一不是哀傷的符號。柴可夫斯基且索性把他的第六交響樂曲，名之曰「悲愴」（Pathetique）！

西方人悲愴，東方何獨不然？吾中國粵劇如《帝女花》《六月雪》《梁祝》《杜十娘》等名劇，說的也無不是人世至悲至慘的故事。絲竹管絃，琵琶聲惋，二胡尤極哀怨。就笛子一吹，出來的也多是「笛淒春斷腸」。詩詞歌賦，未見得不是一字一血淚。王國維《人間詞話》引尼采謂「一切文學，余愛以血書者」（第十八條），實則尼采愛什麼沒關係，因爲文學若缺乏了血淚的元素，本就很難稱之文學。猶如人生沒了悲痛，又算啥人生？

所以，有人老氣橫秋，嘲笑臭小子「少年不知愁滋味 ，爲賦新詞強說愁」。然而，他自己返國探親，總說著他在外邊生活是怎的寫意，是怎的天天品茶賞花逍遙自在祇有快樂沒有愁苦，又何曾不是在強說？

有苦自己知。

(04-10-29)

忘記過去？

有朋友勸新移民忘記過去，放眼將來。對小孩子來說，或可受用不盡。對年過半百「前途似咁」如我，聽起來卻不免有點身不由己。

小孩子過去的日子短，懂事才那三數年耳，刻骨銘心的樂事未必多。且黃毛記憶，抹之不難。就不刻意抹掉，也將隨時光洗淡。記不記得起，實在冇所謂。

老年人呢？來日少、去日多。人生的經歷已滿滿的深刻在腦袋裏面。什麼悲歡，什麼離合，在記憶體中縈繞不息。你想忘掉它？哈哈，談何容易。不但不容易，且還晚晚浮現，在夢中不斷重演。你有能力制止它麼？沒有。有時笑醒了，有時哭醒了。咱年紀愈大而夢舊愈頻。一時夢見在港置業，一時又夢見在課室授課……。驀然夢醒，很有故土招魂的感覺。

對我來說，歡樂也祇有記憶的才算實在。未來？是福是禍誰知道？叫我擦掉以前的一切，恰如舊電腦給幹掉了舊data，熒幕固是漆黑，想另輸新程式輸入新資料，相信亦祇會「當機」「死機」，要重新開啓實不容易。原因？年老機舊轉數慢，記憶體和硬碟空間都唔夠大囉！

所以，對老年的新移民來說，較佳的做法，是牢記過往的幸福，好晚上多發幾個甜蜜的舊夢。平日要緬懷些什麼，那就盡情緬懷去。老文人懷舊絮聒愛寫「回憶錄」的，也多著哩！

(04-11-05)

雅？

雅，是精神上流露的高尚品質，是擺脫名利束縛而來的清心寡慾。人呢，稍染一絲塵俗之念，決就雅不出來了。

凡夫俗子，爲生計而營役，自難與雅結緣。琴棋書畫詩文無一稍懂，固然俗物。就全都精通了，卻天天在發名利夢，還不是與市井之徒，同個遂臭？

國鍵這幾十年遇見的「文人雅士」，可大多祇是「文人」，並非「雅士」。就大學裏面德高望重的大師級人物，能夠視名利如糞土，能夠見「院士」「系主任」而不動心的，絕少。爲爭名位而勾心鬥角，搞風搞雨的，極多。都飽讀詩書啦，都算名利雙收啦，心裏還不是一樣放不下那浮名俗利？

舉世皆俗士，清雅萬中無。當富貴人家認爲穿名牌吃珍饈住豪宅講番話就叫做雅，穿粗衣吃清茶住茅舍操俚語便是俗，當知識分子多讀幾本書便大言不慚地到處教訓人們「三日不讀書，便覺語言無味，面目可憎」，當失學人士在人們面前自道「我讀書唔多，庸俗一個」的時候，能不驚覺，這種用貧富貴賤讀書多少來界定雅俗的風氣，是何等庸俗且至於不堪。對那僅能感之於精神不能繪之以形貌的脫俗清雅，是何等的侮辱。

須知世之「雅士」，頗如世之「完人」，可以遠想而不可以近得焉。那自詡高雅的，大多是精於察人，而不善於觀己。

(04-11-08)

求「無求」

人謂「人到無求品自高」。有心人在「無求」之上加個求字，認爲「求『無求』」比「無求」的境界更高。聞者稱善。

論境界，國鍵倒認爲還是「無求」比「求無求」好。因爲，無求已達於「無」，豁達之極。來個「求無求」，著意的始終還是個「求」字。六塵妄念，仍未能覺。

當然，論實在人生，「無求」也不過是君子嚮往的某種超現實境界，殊非人世所能及。何以故？因爲人活在世上，無論怎樣澹泊又或怎的富貴，總必有所求。病了，能不求醫？老來病臥床上動彈不得，能不求兒求女、求親朋戚友照顧？兩腳一伸赴了黃泉，能不求葬？安排身後事，能夠自己親手搞掂而絕不假手他人麼？

所以說，人生在世，「無求」僅是空講，也祇祇是無聊讀書人吃飽了飯，精神在那一刻無限快慰時的誑語。

人生既沒法子「無求」，那「求無求」的「求」，就顯得較踏實了。國鍵其實天天也在求：求天下太平，求身體康健；求妻賢子孝頂少幾句；求醫生唔好嚇我、唔好唔睇我；求上天讓我長壽一點，好多做幾件好事；求天主憐憫我，就要我受苦，也須顧念我身材瘦小，膽小體弱，背不起太大的十字架……。

在下昔日若曾說過自己已屆無求之齡，此所謂無求，也不過僅指不求那榮華富貴而止。

(04-12-20)

世變情未變

學術界學問家辭世的消息，報章未必報導。就有，也放在極不顯眼的一角。讀不讀得到，還要靠點運氣。

可近月香港娛樂界詞曲泰斗黃霑騎鶴西去，傳媒天天報導，擾攘竟月。看在以捍衛傳統為務的八股之士眼裏，大概會嘔血。

黃霑何許人也，身後竟得哄熱如斯？論傳統，譜曲填詞這等「調笑文學」，古來不過是倡妓、舊戲底「三位一體」之一位。詞就寫得怎的好，唱出來怎的過癮，也不過是風月界的虛情假意，怎也及不上古近體詩的敦厚雅正（參王季思《倡妓和調笑文學和舊戲》，載《國文月刊》第五十期，開明書店，四六年十二月，p.21—25）。萬人集合球場揮淚悼念？老八股們可更不欲觀之矣！

唐宋以來，詞之與戲，均與倡妓相關，大多僅係富貴人家尋歡作樂的玩意。由是詞曲這類「調笑文學」，總以「纖巧、刻薄、虛浮、輕率、猥褻　」為其情調。黃霑可能看得透，故亦從不掩飾其不文。宋元的蘇、黃、秦、柳、關、馬、鄭，有那一個是清高之士不狎妓？有那一個寫的是真情真意？應知青樓作興呢，「走、死、哭、嫁、守，無非假意；抓、打、剪、刺、燒，總是虛情。」（仝上）妓女與狎客詞人若動真情，那苦算是自招的。

「難分醉醒，玩世就容易。」黃詞這句最好。

(05-01-03)

娼妓和舊戲

舊封建社會看不起戲子，皆因古時做戲的多是娼妓。

舊戲的發祥地，據王季思《倡妓和調笑文學和舊戲》（見拙欄前引，不贅），是那專供俳優樂戶等演藝的「句欄行院」。（拙案，今人亦稱娼家爲「句欄」。句讀作勾。）元代雜劇腳色，除了末、淨二者沿自參軍戲外，「其餘無一不與倡妓有關」。例如咀（旦）色是能舞能歌的妓女，卜兒是鴇兒的省文，孛老是撅丁的別名（p.23），等等。

中國舊社會戲子既是妓女，和戲子又或妓女相鬼混的 詞人，當然也絕大多數是嫖妓的狎客。青樓尋歡買笑，誰會管什麼人倫道德？不涉不文，可才奇怪呢。

當然，唐宋元明的妓女，文化水平也甚高。她們不但美艷，且大都受過專業訓練。「吹、彈、歌、舞」與詩詞固然要懂，「拆白道字」「頂針續麻」「疊字嵌字」這等文字遊戲更加要通。才色兩備，再加點偷心的必殺技，男兒漢能顧念道德而不喪魂花下者，幾稀矣。

所以說，除了句欄行院之外，人慾橫流之戲，其實無時不在青樓上演。今人說的「婊子」，唐宋曰「弟子」。（拙案，其稱來自唐代「教坊弟子」，教坊乃管教樂妓之所。）今人說的「嫖客」，唐宋曰「子弟」。弟子與子弟之間的「愛的宣言」，識者無不知其大多在做戲。

既然是戲，何苦當真？

(05-01-07)

從雞頭好到雞尾

新歲大年初三，先向看官們拜年，祝雞年行運，冇人呻笨。

雞本吉祥之物。雞脯乃老番所愛，吾粵則謂：「雞髀打人牙骹軟。」有幸在多災多難的黃土地上吃隻雞髀，未嘗不感激流涕。

可雞頭雞爪雞尾就不是好東西了？又不是。吾國少數民族侗、佤、哈尼，有個「雞頭雞爪敬客」之俗。貴客臨門，宰雞以待。吃時，無不先獻客人頭爪以示敬。

當中不無動人的故事：話說古時貴州劍江岸邊住了一雙恩愛夫妻。妻子坐月時，做丈夫的日殺一雞，自己吃雞頭雞爪。到了丈夫病時，做妻子日宰一鴨，自己吃鴨頭鴨蹼。他們的孩子長大後，每逢吃雞時，總看見爸媽爭頭爪吃，還以爲父母最喜愛。父母死後，不但祭以雞頭雞爪，且凡有客到，亦必獻上以示尊敬。

至如「雞尾奉客」，亦非奇聞。十分好客的東鄉族，視雞尾爲珍品，客來必會請他吃一個。拒吃？喂，想翻臉乎？

明乎此，則在這邊吾乃少數民族之番地，吃團年飯開年飯時，兒孫們若夾你件雞頭雞爪雞尾，硬要你吃，你倒不必生氣。須知邊陲餘緒，頭爪亦係孝敬，理當高興地啃。況吾粵雞爪確亦上品。茶樓點心「鳳爪」，不吃得老闆顧客們都皆大歡喜？

陋儒國鍵，輩卑學淺，在各位尊貴的讀者面前，祇配吃雞肋。

(05-02-11)

年紀大，機器壞

三月某晨。除下大近視眼鏡，換上病人袍，臥在多市東端某醫院。護士測體溫，量血糖血壓。向患「醫生恐懼症」的我，神奇地血壓十分正常。

「現在替你吊鹽水。」右臂給紮上膠帶，護士沿我右手背摸索。「噢，血管太幼、藏得太深……。」用上熱貼，還沒能弄好。唉，原來做人呢，乜都深藏不露未必好。

手術時間還未到，操刀的醫師卓士嘉斯已經跑了進來。「鹽水由我來辦吧。」他微笑著手捧鹽水瓶，讓我手扶在他的肩膊上，緩步領我到了手術室門前。在加拿大首次入院，便有幸親沐了杏林春暖。

門前坐下，副手出來問過姓名、手術性質，便扶我往手術床上躺。「血管果然太幼……。」站在床邊的人喃喃地還沒把話說完，「哈，真棒，弄好了！」「先生，現給你鼻子插管、戴罩，輸你氧氣……。」然後一大塊布兒照臉蓋，「今要凍固你的眼睛啦…。」

柔樂輕播，混和著很有節奏的「咇咇」脈搏聲，不意有著寧神的功效。未幾，祇聽見類似縫衣「唧唧」的微響，「你大概多痛幾個星期便好……。」醫生柔聲說。

在「等候出院室」再量血糖血壓，不一句鐘便出院了。一路心和氣靜。沒似原居地入醫院，冷白中撲面一股濃烈的消毒藥水氣味。未曾治病，先嚇半死。

(05-05-09)

群而不黨？

孔老夫子教人，「群而不黨」（《論語・衛靈公》）。君子處世，交朋結友要和氣，要一視同仁，但絕不結黨營私。

現實生活呢？恰恰相反。若不先結黨結社，你能「群」些什麼？所以，在華人社區，特別是加拿大，你若想多交幾個朋友，人們總會勸你，快快入會。

在東方，可更加是無「黨」而不行了。雖說參加共產黨要過五關斬六將殊非易事，但真箇入得了黨，光大了門楣，朋友自會成群來。想唔群都唔得啦。

在加拿大這邊加入了老番政黨，由於文化隔閡，交友信不容易。要交友呢，似乎還是加入咱同胞們的「社」——例如文藝社、曲藝社、詩社之類，又或是什麼「會」——例如美術會、同鄉會、書法會、專業人員協會、甚乎華人教會等等，會較實際。

人，不能離群獨處。為了合群而須先往結黨結社，就無知的街童，也明白這個道理。若不埋堆「童黨」，「群」就沒有著落。慘綠少年之加入「黑社會」，何嘗不也是這個道理？余等孤處異國，若覺寂寞難耐，可識得點做啦！

祇可惜世間但凡有了黨社，就必成了江湖。一有江湖 ，便生浪堆。這一堆時那一堆，堆堆撞推。不偏倚、絕事非？難矣哉！

若想不黨，唯有不群。此所以世之真君子，較喜歡獨往獨來。

(05-08-22)

父母之命

與老友茶敘，談起已屆嫁娶之齡的子女婚姻問題，不免都喟然而嘆。

老友自道，他夫婦兩口子的婚姻，全出「父母之命」。成親之後才去談戀愛。結果數十年恩愛非常，膝下不虛。可今天兒女們搞自由戀愛，結果是皇帝仔女唔急，做太監的父母倒急了起來。我輩廿五六歲便考慮成家立室，且多付諸行動。今日的後生仔女，不是豆芽年紀熱情火烈，成了物極必反經常換畫的來得易去得快，便是年屆廿五六還慢條斯理，漫不經心，愛情這東西對他（她）來說，似乎寡淡得毫無趣味。拍拖？結婚？生孩子？年未四十何須急？

急？原來急也確實沒啥用。今日男女不但各擁隨時「掟煲」的自由，且大家都愛好獨行獨往，互不依靠。合則來，不合則去。潮流且是，不曾掟煲枉少年。更何況，社會比以前又複雜得多：玩弄愛情搞出「人命」不顧而去者有之；爲分對方身家亦即爲了謀財而假意戀愛結婚隨即離婚者有之；愛上對方後才發現未來翁家或岳家有爛賭爛飲染上毒癖揮霍無度苛索無窮而「頂唔順」結果迫於分手者又有之；發覺對方原來十六七歲中學年代便已「失身」因而心感嫌惡而愛意頓失者亦有之，……。

愈談愈覺心驚。不期對古代那種講禮教、重門戶、從父命的社會和婚姻制度，也興了點嚮往之情。

(05-08-29)

四十五載發社光

（一）

中華基督教青年會中學發社同學結緣，倏忽四十五年矣。歲月流逝之快，恰如《金剛經》那「如夢」亦「如電」。我等有情，能不感懷？

緣來緣去，緣去緣來。於六六年畢業離散四十年之後，今年八月十一日，同學復相約同慶於美國三藩市。據聞與會者熱淚盈睫。歡笑之聲，震動鄰舍，竟曾引來警伯查詢。是證此熊熊熱發，近半世紀而絲無減退。

發之為義，固不止此。校長何牧師世明博士曾為吾發社四甲同學會會刊題字曰：「爾迺世之光。」（圖一，字乃黃宗潮先生代筆）《聖經》教人，要做世之鹽與光。鹽可調味，為人命所必需，且大有防腐的作用。光則照明世界，亦生命之所憑藉。上主創世，第一天第一句說的話就是：「要有光！」（《聖經・創世紀》）何老牧特別選個發字來做我們青中第一屆中一同學的社名，又豈會無所期望？

（二）

故知發社之光，當不會是「眼光光」的光，而必然是那友情之光、濟世之光、助人之光、智慧之光等等以慈悲愛恕為本的「上帝之光」。同學之間，其光或強或弱，或顯或微，總之凡曾發過光的，便算對得住上帝，亦無愧於青中。

發光爍爍，早見諸一九六一年九月設社之初。是時新校舍尚未完全竣工，記憶之中，開學初期，乃在必列者士街青年會舊址禮堂活動板間課室內上課。雖則設備簡陋，資源缺乏，但彼此已是情同手足，愛光四射。尤其轉堂之際，一板之隔而忙著互通消息、互借粉擦粉筆之類，已屬家常。曾記某日隔板喊來要借粉擦，吾班同學某為省腳力，就凌空越板拋擲過去便算。豈知五、六分鐘未見粉擦擲將回來，情急之下，慌忙跳往黑板前老師椅子之上，倚板蹬腳翹首往鄰室探視究竟。萬料不到，隔板同一位置對方同時亦有人伸首過來。猛然間兩頭咫尺相遇，四目交投，同學某立時驚叫一聲———「豬頭」！差點昏跌下來了。事後得知，夫「豬頭」也者，唐公如慶老師是也。

（三）

唐公，是國文老師的表表者。其厲害之處，是作文功課多，但石沈大海一去不回的更加多。他大概是要我們好自明白：「施比受更有福」。

唐公對我的功德，當然也不止於養成我「施」的習慣，且更培養我「尊師重道」的儒道精神。國鍵矮小，在課室內依習慣坐在前排。每遇唐公課，抹乾淨老師椅桌上粉筆末的責任，唐公指定要全由我來擔當。正是「有事，弟子服其勞」也。在基督教義，叫做「非以役人，乃役於人」。唐公對我的苦心，又豈是凡夫之所能知！

（四）

國文老師之中，若論國學功力深厚，當推羅熾培和莫耀焜兩老。

羅老嗜酒，午後國文課，不時也愛展示一下他半酣半醉的劉伶古風，讓人神往。莫公則文章與書法俱甚了得。曾書贈國鍵斗方，文曰：「君子進德修業，忠信所以進德也。修辭立其誠，所以居業也。知至至之，可與幾也。」（圖二）道德文章，宋儒氣味甚重。程朱理學，看重民族氣節。無怪莫公對於兒子娶了個德國洋女，終日耿耿於懷。每在堂上唸起那句「致令先君之裔……」，就不覺搖頭嘆息，欲語還休。

然而，這可又絕不代表莫公必是個古老石山的老道學。課堂之上，曾聽過他老人家舉實例來解釋「人亦剃其頭」的大道理：「即係話今日你騎人地隻馬過海，第日人地又騎番你隻馬過海囉。」男同學們固然即時爆笑。他呢，卻也用課本半掋著嘴兒陰陰笑。

（五）

文采風流，青中之中，當然不止學問淵博的莫公，而尚有教化學教得很出色的袁鳳文老師。袁老上化學課時，總愛半倚坐在教師案前，拿起點名簿不停張合拍動，霹啪作響，塵粉俱揚。兼而口水時噴，害得坐在他面前相距不足一尺的我，要不塵粉撲臉，便挨那涎沫如雨。可他書實在教得太好，自己受點委屈，那又何妨？

袁老文理兼通，詩詞書畫俱甚精妙，殊非一般文人可及。一九六七年贈國鍵《江楓帆影舊江南》設色山水（圖三），極具古趣。其《浪淘沙》墨寶（圖四），亦皆上品。詞曰：「芳草舊池塘，閒處思量。落紅片片葬斜陽。燕子歸來春夢冷，零亂雕梁。徵逐少年傷落魄。飛黃等閒，花月幾滄桑。舊約鷓鴣愁滿目，塵海茫茫。」道盡了中國現代史抗戰勝利後流落英國殖民地苟全性命的文士底悲涼。唉，想國鍵今已年愈半百，移居異域，午夜夢迴，何嘗不也是幾許滄桑，塵海茫茫？

（六）

青中師長名士多。數學堂何六韜老師獨對黑板不停地自寫、自問、自答的獨特教學風格；地理課金寶楨老師手執伸縮小鋼棒兒在掛圖上的指點迷津；張成光老師那「萬頃良田，卻得一粒米落鍋」意謂天資就如何優厚卻不努力耕耘終亦餓死的教誨；曾國權老師體育課，其實大多是站在操場聽訓導；中六時初來教生物科教得很出色的年輕開明的蜜絲張（新亞書院生物系麥繼強教授夫人），由於她廣州話不太靈光因而經常問我們她「有沒有講錯口」卻總聽她唸成是「有沒有講粗口」的惹人大笑；此外如男女同學之壁壘分明，常因班務例如班會旅行該往何處等大小事情吵過不亦樂乎；小若聖誕茶會學校派的那一小袋禮物糖果；大如聖誕夜學校合唱團在中區聖公會聖保羅大教堂獻唱《彌賽亞》之「For Unto Us A Child Is Born」，隨後並往堅道報佳音而給某醫院半睡病人擲以「禮物」；青中第一次在大會堂開音樂會的盛況，當晚林廷輝老師指揮的青中合唱團（圖五）與王曦老師名震學界的青中笛隊俱餘音繞梁等等，無一不是我們在餤社長大時的珍貴點滴。這等共同記憶，也成了數十年來彼此友情所以不熄不滅永可循環再用的最優質燃料。

（七）

《紅樓夢》句云：「洞識世事皆學問，歷盡人情眼界寬。」學問眼界，原來不一定來自書本。余幼時遇意外早盲左目，眼肌因之稍稍外斜。可李悅英老師不明原委，曾指我經常睨視，考試意圖作弊。真個啞子吃黃蓮也。其他如成績表給記錯分數，藍變爲紅之類，相比皆餘事耳。至若同班老友因爲會考沒能取得五科及格而慘遭校方拒發青中畢業証書一事，才最令人氣憤哩！

惟此等不快的經歷，卻教曉了國鍵後來做「人之患」時，在學生跟前務須言詞謹慎，在登記分數時尤應再三核實，在施罰時更該親自細察端詳，兼顧情理。教育，本乃培育愛心的溫情事業。不信？餤社同窗們數十年來各自在社會奮鬥發熱發光而又手足深情未嘗間斷，若非青中六年那基督救世儒道忠恕的愛的潛移默化，焉能致之？

世無無缺之事，亦無完美之人。小瑕不足掩大瑜，六十年代何老牧和眾老師們一同努力耕耘的青中教育園圃，春花秋實，收穫是十分豐盛的。

（八）

談光友愛，在此永誌。有謂此談當世代相傳。夢耶非耶，宜待將來咱們的子孫來評說。

願主祝祐。並祈二零一一年我談社五十金禧之日，有緣能再聚首一堂，對酌言歡，閒話此生。

二零零六年九月潘國鍵擬稿於多倫多寓。窗外楓葉微紅，秋雨淅瀝。

(2006-09-10)

附：

圖一

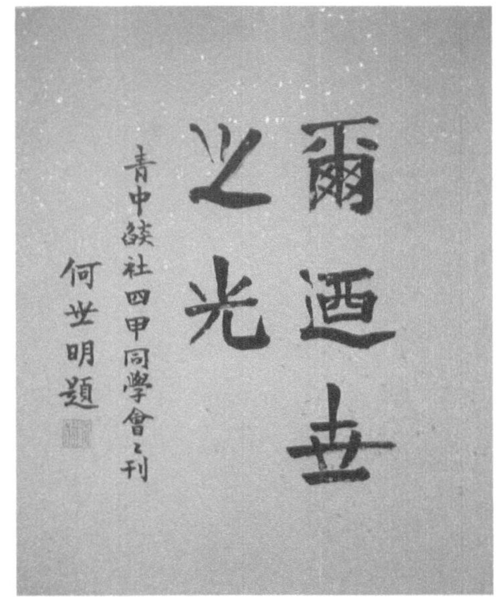

圖二

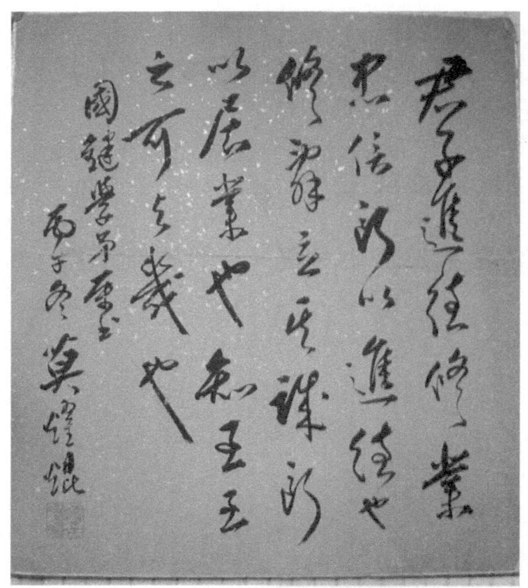

圖三

圖四

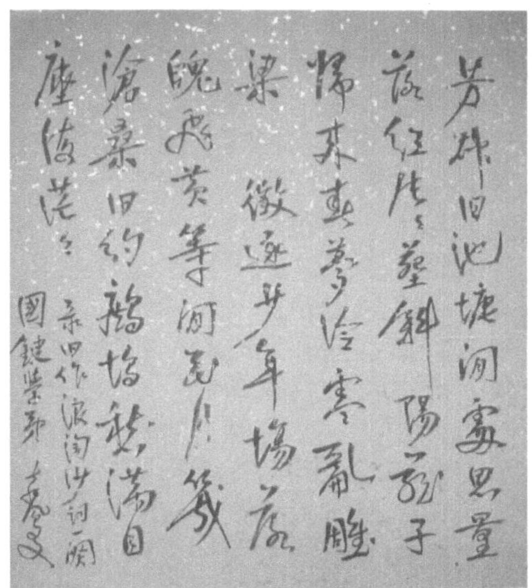

圖五

無私付出方謂愛

余大工程師大梓吾兄，近常據引《聖經》訓言，傳揚福音。校長何法政牧師世明博士在天之靈，信必老懷欣慰。他老人家在必列者士街播的種子，大都是優質的。

莫道國鍵與何牧師教育政策思路不盡相同，便是關係欠佳。近三十本《世明文集》，各書封面題耑，皆交國鍵以隸書恭題，實證師生情誼非淺。（何牧師書序，國鍵之「鍵」，誤植爲「健」，此信乃手民之錯，且區區賤名，無足掛齒，因此也從沒向他老人家提及過。）

國鍵居港時，每年例與仁社黃浩潮師兄邀約何牧師飯叙，執弟子之禮。蒙牧師錯愛，頗欲國鍵繼承基督教融貫儒學之探索。獨恨國鍵庸愚，既未領洗，亦愧無力肩負十架重擔。國鍵第一次師生書法展覽會，牧師乃主禮嘉賓之一。此外，牧師亦曾應國鍵之請，主持學術講座。清朝順治帝福臨在五台山出家題的那首詩：「未曾生我誰是我，生我之日我是誰？長大成人方知我，合眼朦朧又是誰？」國鍵是在講座裏聽他老人家演講時學來的。

《聖經・創世紀》，亞當夏娃吃了禁果，從此便看見了自己，有了個「我」。人一有「我」，便背離上帝，染了原罪。罪生於「我」，正佛家慧能所言：「有我罪即生。」（《六祖壇經》機緣品第七。）由我而執著於我，遂不懂無私付出。記憶中，聖奧古斯丁在《The City of God》亦曾指出，人世之所謂「愛」，一涉私我，十居其九其實是「慾」。惟有上帝對人無條件之付出，甚且將獨生子釘死十架，才叫做「愛」。何牧師在講道錄音中曾問：基督無條件地爲世人贖罪而獻上性命，我們可又曾爲基督無條件地付出過什麼？此所以余大梓、程汝初、張濟光、卜朗福、何汝洛諸兄對倓社之無私付出，是國鍵須要加緊學習的。

年來有關倓社及青中蕪文，將輯入國鍵計畫中之文集。願將此倓社青中文字，都獻給——敬愛的恩師何牧師世明博士。

零七年眇人國鍵錫稿於多城如心齋。時秋風微涼，寒蟬鳴側。

(2007-08-21)

敬悼羅鏘鳴先生

羅鏘鳴先生，是國鍵一九八七年移民多倫多市時認識的好朋友。是怎樣認識羅兄的，可記不清楚了。也許是梁煥釗兄介紹，也許是當日逕自跑往登打士西街他創辦的《時代周報》登廣告時，幸運地遇見了他。從此時有往還，間亦相約在他報社對街的小咖啡室喫下午茶，談文化，談家國，談海外華人。

羅兄不但是個出色的報人，更是個出色的文人。文人之所以出色，當然不全在於學問和文章之了得，而尤在於對所屬文化的抱負和關懷。羅兄對於中國文化之熱愛與堅持，是國鍵所最深深感動的。

文人辦報，肩負的是領導社會風氣和推動固有文化的使命。在這一點來說，羅兄確已身體力行，奉獻一生。可嘆的是，這種近世難得的爲文化而不爲稻粱謀的高尚情操，在這講求「利潤回報」的商業社會裏面，人們極少懂得愛惜。文人辦報的結局，往往是無利可圖，徒得辛苦。

現在，羅兄總算完全脫離苦海了。而他一生在文化事業的勞苦，結的可又絕不會是苦果。因爲，在中華文化歷史的長河裏面，記錄的不會是錢財之物，而多會是真心無私獻身文化的澹泊文人們留下的脚印。

羅兄，你的名字，信必見諸史冊，遠垂後世。願你在無限仁慈的天主懷抱裏面，好好安息吧。

（08-08-29）

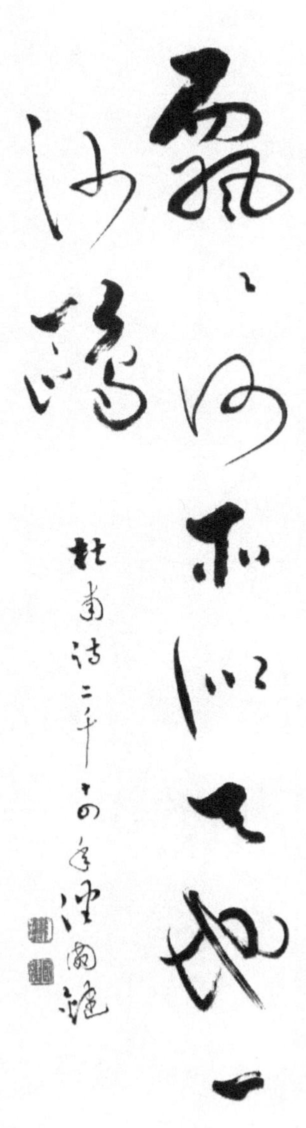